为霞尚满天

刁承湘 著

复旦大学出版社

序 言

"莫道桑榆晚,为霞尚满天",当一位杰出的学者走过辉煌的学术征程,迎来人生的另一篇章时,她所留下的智慧和经验将被后人铭记。对于刁承湘老师而言,退休并不是一段旅途的终点,而是一个全新的起点,一个探索人生更深层次意义的旅程。今年是刁老师进入原上海医科大学(现为复旦大学上海医学院,简称"上医")的第60年,在这个特殊的时刻,我有幸为这本记录了刁承湘老师退休后的文章和书法作品的著作撰写序言,并向这位伟大的老师表达我由衷的敬意和感激之情。

细读刁承湘老师的每篇文章,作为原上海医科大学研究生的我深有感触,仿佛回到了30多年前,又回到了刁老师的身边。我于1988年考入上医研究生院攻读博士研究生,之后于1990年公派至德国留学,当年正是刁老师将我送出国门深造,至今每一幕情景都还记忆犹新。刁老师作为研究生院的老师,对大家是严师,又似慈母,她总会不厌其烦地给学生们介绍学习、研究、生活,包括介绍院系、医院、学科情况及各导师的个性特点、成就等,以让我们尽快熟悉和了解学校和学科的情况,尽快适应新的学习环境与生活。刁老师常常来研究生宿舍看望大家,会关心我们的生活,传授和讨论她对于研究生教育和医学的思考,我至今仍记得刁老师在我出国前对我的嘱托和期盼,望我能早日学成归国,拯救更多的患者,如今想来也没有辜负刁老师的期盼。刁老师在研究生院工作的23年中,为我国培养了一批批优秀的研究生,大家每每谈论到各自的成长和成就,都由衷地感谢刁老师的教诲。欣喜地看到刁老师退休之后,仍然一直关注着上医的发展,积极参与研究生培养和上医文化历史建设的工作,特别是在今年将自己多年积蓄全部捐出成立了"承湘"教育基金支持学校研究生教育,此等精神令人动容!

这本书记录了刁承湘老师晚年思考和生活感悟,深入探讨了老年人的生活、心理、健康等诸多问题。她的文章以深入浅出的方式,揭示了老年人的智慧和价值,为社会对老年人的关怀和尊重提供了新的思考。这些文章不仅具有学术价值,更是对社会中老年人群体的关爱。

除了老年学的研究,刁承湘老师退休后对于下一代的关爱和关注也是她晚年生活的重要组成部分。她关注青年学子的成长和发展,积极参与学术交流和指导工作。她对学生的耐心指导和无私帮助,使得一代又一代的学子从中受益,茁壮成长。她的关怀和指导不仅是对学术事业的贡献,更是她对社会责任的担当。这本书中记录了她对下一代关怀的文章和感悟,为我们提供了宝贵的教育经验和人生智慧。此外,刁承湘老师在退休后的生活中也展现出了非凡的智慧和品味。她以书法为媒介,借墨、宣纸表达内心的情感和思考。她的书法作品充满了古朴和深邃的艺术魅力,展现了她对传统文化的热爱和创造力。这些作品不仅是她个人的艺术创作,更是对生命的诠释和对美的追求。通过这本书,我们能够一窥刁承湘老师在书法艺术上的精湛造诣,感受到她对传统文化的传承和创新。

最后,我要衷心感谢刁承湘老师为研究生教育事业做出的卓越贡献。她的学术成就和人格魅力将永远铭记在我们心中,成为我们学习和追求的榜样。我相信,她的退休生活将继续充满活力和创造力,她的智慧和品格将继续启迪后人。愿此书能够为读者带来启迪和感悟,让我们共同追寻人生的真谛,关心下一代,传承智慧。

愿刁承湘老师享受幸福的退休生活,继续为研究生教育事业和社会做出更多的贡献。她的影响力将超越时空,激励着我们不断追求卓越,创造更美好的未来。

中国科学院院士

2023 年 12 月 4 日

前 言

日本和田医生提倡把70岁以上的老人称为"幸龄者",而不是高龄者。闻玉梅院士说:"我是一个步行者……"我也是一个步行者,人生走过了苦难的童年和少年、满怀理想的青年、拼搏奋斗的壮年和相对理智成熟的老年,不知不觉中我已是一个退休23年的耄耋老人。

人生的不同阶段,应该做不同的事。我退休后,除了完成学校交给我的任务外,先后完成了《医学研究生教育实践论》《研究生德育论》和《探索者的足迹》三本专著,记录了我所经历的上医学位与研究生教育的历史、做法和成果,为学校留下了一笔财富;我编写出版了《生命中的珍藏》,记下了我生命中难忘的人,感谢他们对我的培养、教育、养育和对我工作的支持、帮助和理解。

"莫道桑榆晚,为霞尚满天"是传颂千古、含义隽永的经典名句,千百年来令无数读者为之倾倒。它出自唐代文学家刘禹锡的《酬乐天咏老见示》一诗。诗中的这两句话,意境优美、气势豪放,被世人赞赏而流传千古,是一种积极的人生态度。

人到一定的年龄都带着一定的心思,以前我有点怕老,总喜欢听人喊我"小刁",觉得自己还小呢!转眼间我已步入老年,尽管老师们还亲切地叫我"小刁",可我已是耄耋老人了。但退休这些年我悟出一个道理:只要心还亮堂,都可以活出自己的精彩,年龄不就是一个数字嘛!心若不弃,年龄就不会老,又何愁岁月的流去!只要心不老,就能对生活保持热爱,对疾病保持乐观,对前程充满期盼;只要心态好,一切都会变得好;只要晚年生活过得有滋有味,即使迟一点、慢一点,也无妨。我始终相信,一切都是最好的安排。

因此,我决定,趁着自己现在头脑清楚,精力尚好,将我这些年所写的其他方面的文章,包括老年学、老年生活、关心下一代的工作和思考及对人生、社会的一些思索，再出一本书，书名定为《为霞尚满天》，除收录了33篇文章外，同时收录了近10年来我在老年大学跟随书法家毛节民、朱立谱老师习作的书法，以抒发我对伟人、古人和祖国大好河山、英雄勇士们的缅怀和歌颂。我感悟到，书法对修身养性颇有好处，它已成为我老年生活的一种爱好，我会继续坚持！

我的这一愿望和想法，首先得到上医杰出校友、原全国人大常务委员会副委员长、原中国科协主席韩启德院士的大力支持，他欣然命笔题写了书名；同时，得到复旦大学原副校长张志勇教授，复旦大学党委副书记、复旦上海医学院党委书记袁正宏教授的关心和支持，得以在复旦大学出版社顺利出版，我发自内心地感激、感动和感恩。

书中的文章和书法习作恳请各位前辈、老师、朋友和同道多提宝贵意见。

今年是我进我的母校——原上海医科大学学习、工作直至退休60周年，这60年我始终没有离开过她，她是我永远的精神家园！

此书，是我对母校的一份薄礼！

祝愿学校越办越好！走向世界！创造更大更多的辉煌！

2023年7月

目　录

第一篇　教育拾遗

也谈钱老提出的问题 ………………………………………………… 3

写在前面的话 …………………………………………………………… 5

学习《国家中长期教育改革和发展规划纲要》的几点随想 ………… 7

写在《复旦名师剪影》即将出版时 …………………………………… 12

高校文化传承的一朵奇葩 …………………………………………… 15

枫林校区在校学生社会主义核心价值观学习情况调研情况汇报 …… 18

写在医学研究生投毒案终审判决后 ………………………………… 22

上医硕果，收获在美丽岛城
　　——访青岛校友会有感 ……………………………………… 25

参加医学与人文研讨会有感 ………………………………………… 28

参加主题教育活动的点滴体会 ……………………………………… 30

重视研究生道德教育的思考 ………………………………………… 34

传递红色基因　致力铸魂育人 ……………………………………… 41

守初心，温信念，担使命，永向前
　　——参加学校关工委工作的点滴感悟 …………………… 46

对高校离退休干部心理健康的几点思考 …………………………… 49

试论高校离退休教师在文化传承和文化育人中的地位与作用 …………… 56

第二篇　生活随笔

十月感怀 ………………………………………………… 67

基础不牢　地动山摇 …………………………………… 68

踏遍青山人未老
　　——读《山河人文旅记》有感 ……………………… 71

常宁宫觅趣 ……………………………………………… 73

欧洲四国行花絮 ………………………………………… 75

新年随想 ………………………………………………… 79

写在奥运会后 …………………………………………… 82

健康随笔 ………………………………………………… 86

为上海猴年宁静的春节点赞 …………………………… 89

换一种思维方式去看奥运 ……………………………… 91

盛世中国 ………………………………………………… 94

疫情期间我的居家生活 ………………………………… 97

学习四史　铭记初心　继续前行
　　——一位退休老党员的回顾 ………………………… 101

第三篇　往昔回忆

教育铭刻弥留心
　　——记爸爸余立在生命最后的日子里 …………… 107

韩启德院士的学友谊、母校情、祖国心 ……………… 111

宿舍的记忆 ……………………………………………… 113

难忘的两年医疗队生活⋯⋯⋯⋯⋯⋯⋯⋯⋯⋯⋯⋯⋯⋯⋯⋯ 120

写给天堂里爸爸的一封信⋯⋯⋯⋯⋯⋯⋯⋯⋯⋯⋯⋯⋯⋯ 124

第四篇　书法作品选

领导人语录⋯⋯⋯⋯⋯⋯⋯⋯⋯⋯⋯⋯⋯⋯⋯⋯⋯⋯⋯ 129

古代诗词⋯⋯⋯⋯⋯⋯⋯⋯⋯⋯⋯⋯⋯⋯⋯⋯⋯⋯⋯⋯ 134

节日祝福⋯⋯⋯⋯⋯⋯⋯⋯⋯⋯⋯⋯⋯⋯⋯⋯⋯⋯⋯⋯ 136

怀念长辈⋯⋯⋯⋯⋯⋯⋯⋯⋯⋯⋯⋯⋯⋯⋯⋯⋯⋯⋯⋯ 139

亲情友情同学情⋯⋯⋯⋯⋯⋯⋯⋯⋯⋯⋯⋯⋯⋯⋯⋯⋯ 141

人生感悟⋯⋯⋯⋯⋯⋯⋯⋯⋯⋯⋯⋯⋯⋯⋯⋯⋯⋯⋯⋯ 144

后记⋯⋯⋯⋯⋯⋯⋯⋯⋯⋯⋯⋯⋯⋯⋯⋯⋯⋯⋯⋯⋯⋯ 148

第一篇

教育拾遗

也谈钱老提出的问题

读了《简报》第 36 期《试答钱老提出的问题》一文，感到值得一议，复旦大学的教师都应予以关注。文中提到许多专家、学者作出的答案，无论是"风气说""学术、学风说""措施说"，还是"三要三不要影响说"，都有独到的视野和见解，说明了造成我国难以培养出杰出人才的主要原因。但笔者认为，还有一个重要原因，就是目前的教育思想、教育内容、教育方法存在问题，不利于杰出和创新人才的培养。

人才的成长有个过程，所接受的学校教育包括学前教育、基础教育、高等教育各个阶段，还有家庭教育和社会的影响，事实上是一项系统工程，彼此互相衔接，始终影响着人的一生。因此，回答钱老的问题，必须综合治理。

传统的教育思想，注重师道尊严和应试教育，不大重视学生的兴趣爱好的培养和每个人个性的发展。无论是家庭还是学校，都喜欢"乖巧""听话"的孩子，分数成了孩子和家长的共同唯一追求。在这一背景下，喊了多年的"减负"成了一句空话，小学生的书包用起了拉杆箱；在"不能让孩子输在起跑线上"的观念支配下，各种"奥数班""英语班"层出不穷，孩子们失去了快乐的童年，一个个戴上了小眼镜；到了中学、大学，甚至研究生学习阶段，分数更是成了评选好学生和各类奖项的标尺。教育家们呼唤了若干年的现代教育思想大讨论，又有哪位领导组织过教师认真学习并付诸实施呢？

教育方法也不利于杰出人才的培养。中国的教育方法概括起来不外乎"死背"和"灌输"，缺乏启发、引导，不是鼓励创新思维，而是喜欢用教育者的意志去塑造学生，这样就扼杀了学生的创造力。这样的例子，从孩童时期一直到高等教育，都是大同小异。而在中国，尊师重道是悠久历史，学生在课堂上对老师的观点不敢有异议，百分之百地相信老师，尤其不敢挑战权威。香港中文大学校长刘遵义说:"如果一个学生从幼儿园到小学到中学,都不敢质疑老师,你怎么能指望他到大学能质疑老师,挑战权威?"不敢挑战权威,又谈何创新?一位在美国留学和工作的华裔说:"中国的老师不会教。"此话值得我们深思。

在教育内容方面,各阶段也缺乏衔接,或者与所处的教育阶段和时代不相适应。例如,儿童教育成人化,研究生教育本科化,教材更新滞后或带有随意性。这些现象几乎比比皆是,尤其是一些高校,匆忙升级拔高,其教学内容、教材建设,存在的问题可能更多一些。

除了以上这些之外,还有教育体制、机制等方面的问题,本文不予展开,总之,回答钱老的问题要进行综合治理,要从根子上去找原因,不能"头痛医头,脚痛医脚"。但愿我们退休老教师发出的声音能引起教育主管部门和各级领导的重视。钱老的临终忠告,真诚地表达了一位老科学家的心愿,期盼我国能真正在教育思想、教育理念上有所突破,教育改革走出一条符合中国国情的创新之路,培养出更多的杰出人才,使我国在相关科学领域有所斩获。

(写于 2010 年 5 月)

写在前面的话

2009年12月,在复旦大学上海医学院的组织下,临床医学八年制的3位同学开始了《颜福庆传》学习小组的第一次活动,后来又有08级医学科研硕士班的4名硕士生加入了此书的学习行列。两个小组采用有分有合的方式,将全书分成六个单元,进行学习和讨论。

受校关工委的委托,我与7位同学一起学习《颜福庆传》,又一次缅怀这位上医创始人、中国现代医学教育先驱的非凡人生和卓越贡献。与同学们一起学习的过程,是我又一次受颜老精神洗礼的过程,也是我向青年人学习、与青年学生交朋友的过程。

根据我的提议,同学们读完每一单元要提交读书心得。我要求大家,读书心得形式不拘,长短不限,但必须结合实际,有自己的思考和思想,敞开自己的心扉,感悟颜老的精神和风范,理解颜老的医学教育思想及其现实意义,指导自己的学医生涯。

同学们提交的20多篇读书心得,是读书小组成员研读的成果,有着鲜明的特点:从某一角度谈起,深入理解颜老精神;紧密联系自己的实际,讲出自己的内心感受;关注现在医学教育、医疗卫生事业的现状和学校的发展,从医学生的责任感、使命感出发积极地思考和探索;吸收颜老的精神和理念,激励自己奋发向上……

医学生,尤其是医学研究生,课业繁忙,科研紧张,难以形成系统论述和哲学思考,又缺乏文科学生的写作功底,但他们学习态度认真,心得文章朴实无华,实在可喜可贺,值得交流,故我们将其汇编成册。这样做,对每个小组成员而言是相互学习和交流的见证,也可留作纪念;对学校各级领导而言,也可了解当代医学生敢想、敢说、积极思考的精神风貌。我相信,他们是最棒的!他们虽然人数较少,但我坚信,他们的学习成果将在若干年后以自己的实际行动向学校汇报!告慰颜老在天之灵!

在中国医学教育100多年的历史中,没有一个人像颜福庆那样,对中国的医学教育、医疗卫生事业有如此之大的贡献和影响力,颜老开创的上医传统与精神是不断传承和创新的。我和同学们都是同根生,同是上医人,我们要将颜老确立的"正谊明道"校训,当作对自己的训诫,以自己的思想和行为去维护医生的尊严和医学的荣耀。

颜老是一本读不完的书,是要用功研读才能读懂的书。读书小组虽已结束,但学习永无止境。

(写于2010年岁末)

学习《国家中长期教育改革和发展规划纲要》的几点随想

《国家中长期教育改革和发展规划纲要》(以下简称《纲要》)规划了我国2010—2020年期间我国教育的发展走势,描绘了教育的发展前景。是落实党中央关于"优先发展教育,建设人力资源强国"战略部署的重要举措,对促进教育事业科学发展,全面提高国民素质,加快社会主义现代化进程,具有重要意义。学习纲要,我有几点想法。

一、如何落实改革

《纲要》在第一章"工作方针"中明确提出"教育要发展,根本靠改革"。改革什么?纲要指出"要以体制机制改革为重点",包括创新人才培养体制、办学体制、教育管理体制,包含改革质量评估和考试招生制度,改革教学内容、方法、手段,建设现代学校制度等,可以说是全方位的。

这确实是个重要话题。改革开放以来,教育改革从未停止过,其中也有很多改革取得了成效。今天,在提出"教育要发展,根本靠改革"的同时,应该认真总结我们走过的教育改革之路:哪些改革是成功的,哪些改革是失败的?这样,我们才能保持清醒的头脑,走好今后的改革之路。例如,早在1985年,在颁布中共中央、国务院关于教育体制改革的决定时,就提出要改革陈旧的教育观念和僵化的教育体制。20多年过去了,这样一个看得很清楚,但又改不了的问题,其深层原因是什么?本世纪初以高校合并为主要特征的高校体制改革,已过去10年了,作为一种国家行为,是否应该认真总结其利弊?又如,改革高考制度,改革研究生考试制度,彻底改变应试教育;推行研究生培养机制改革,重视素质教育和创新能力培养,培养创新人才;减轻中小学学生负担等,广大教育工作者也积极探索改革之路,但应试教育压力愈演愈烈,减负口号下负担愈减愈重,高层次创新人才培养成效不明显,这其中有哪些经验值得总结,哪些教训应该记取?我们应当反思。否则,我们今天学习《纲要》时,花了大量的精力和时间去讨论改革问题,结果许多问题还是原地踏步或者走弯路,则《纲要》落实就会受到很大影响。

二、如何看待发展

解放至今,尤其是改革开放 30 年来,我国的教育事业的确有了跨越式的发展,基础教育全面发展,高等教育进入了大众化教育时期,我国已进入了世界研究生教育大国的行列,取得的发展成绩是巨大的、可喜的、举世瞩目的。但如果认真回顾我国教育走过的发展历程,可以看出,按教育规律办事的发展,就一定能取得成效并走上可持续发展的道路。20 世纪 90 年代以后的发展,尤其是高等教育(含研究生教育)数量多于内涵,教育质量不容乐观。例如,在片面理解"发展才是硬道理"的口号下,专科学校争着升本科;只有本科教育的大学争设硕士点、博士点;不顾客观办学条件,扩招学生,盲目提高办学规模,成为某些高校领导的政绩工程。这些看是轰轰烈烈的发展,事实上教育质量为此付出了代价。又如在 20 世纪 90 年代就开始实施的"211 工程""985 工程",其推动重点高校发展的初衷是好的,实施以来确实也取得了某些方面的成绩。但我国是穷国办大教育,它对提高我国高等教育的办学效益和学术地位、推动高等教育的协调发展发挥了怎样的作用呢?这也值得认真总结,以不断提高我们的教育水平。从科学发展观来看,忽视内涵和质量的不协调发展,是一种不可持续的发展,一种会产生严重社会后果的发展,这一点各级领导必须高瞻远瞩,保持清醒的认识。

三、纲要在若干重大问题上应该有实质性的突破

纲要的总体框架是严密的,内容也是很全面的,但必须在影响教育未来发展的若干重大问题上应该有所突破。

(一) 关于教育思想和观念

我国传统的教育和考试制度都重在培养官吏,以儒家思想为代表的传统教育思想,强调师道尊严,忽视个性发展;强调循规蹈矩,忽视创新思维。从古代的科举制度到现在的高考制度、研究生考试制度,都是应试教育,以分数取胜。面

向未来,如果我们不从教育思想、教育观念上有所突破,校长、教师、学生、家长不转变陈旧的教育观念,我国要培养杰出人才、创新人才,难矣!

(二) 关于师资队伍和师资培养

师资是保证教育质量、提升教育内涵的重中之重,他们比华丽的校园、高大的楼房更重要。教育界有识之士常为此担忧,一是现在优秀的生源往往不愿报考师范类院校,优秀毕业生不愿做老师;二是高校教师队伍不稳定,考核办法的误导和利益的驱动,使高校教师普遍存在重科研轻教学;三是由于社会风气等多方面的影响,大学教师中急功近利、浮躁作风、学术不端等行为时有曝光,教师整体素质跟不上形势发展的需要;四是高校教师"近亲繁殖"比较普遍,从国外引进优秀人才,并真正留在国内教育战线发挥作用还不容易;五是由于经济、社会、教育的发展不均衡,边远山区农村中小学教师不足,更是不争的事实。如何从提高教师地位、改善教师待遇、改革考核办法、加强素质教育、重视教师培养等方面全方位进行综合治理,建设各个教育阶段的优秀教师队伍? 如何建设一支适应现代社会需要的研究生导师队伍? 这是各级领导要思考和解决的问题。

(三) 素质教育该如何做

素质教育从20世纪80年代中期开始提出。20世纪90年代中期,中央文件正式提出"改革人才培养模式,由应试教育向全面素质教育转变",但由于与素质教育有关的整个社会改革还没有配套跟上,笔者认为素质教育贯彻落实得不够。又因为我国过去受政治运动的影响,往往简单地将素质教育与思想教育雷同,以运动式、活动式的办法进行素质教育。其实,一个人的思想道德素质、知识文化素质、多种能力素质、身心健康素质等的养成和培养,与家庭、学校、社会密切相关,素质教育说到底要达到两个目的:①教会学生如何做人;②教会学生如何做事和奉献社会。因此,必须作为系统的人才培养工程去做,使素质教育紧跟形势发展的需要,渗透到整个教育过程中,这是要全社会共同努力的大事。

(四) 关于教育投入

在教育投入方面,很多专家学者对国际上发达国家、发展中国家、落后国家的教育投入是多少,我国处于什么位置上都有研究。我国政府也作出教育投入占国民经济总收入的 4% 的承诺,但如何保证? 国家和地方占多少比例? 发达地区和不发达地区如何保证有不同的教育投入？我国的教育投入比印度等发展中国家还低，令人费解。教育投入是我国教育全面、协调、持续发展的重要保证。

（五）国家如何科学地领导教育和领导高校

每年的两会，教育问题都是代表们关注的热点，教育部长往往是被质疑的对象。但明智的人也都清楚，许多问题都还是国家如何去领导教育的问题。我国是发展中国家，又是大国，办好教育确实不容易，老百姓能理解，但政府如何领导、如何管理呢？这是国家的事。千校一貌，千人一貌，学校没有活力，学生没有个性，老师没有积极性，这与政府部门的领导有一定关系。我国长期来存在的"一管就死，一放就乱"的教训是深刻的，在实际工作中，又往往只听"一言堂"，凡事"一刀切"，随即是大家"一边倒"，这看似服从命令，步调一致，但容易造成应付了事，不动脑筋，其结果必然是"一个样""一风吹"。例如，在研究生教育中，扩大招生，不顾学校的办学条件，大家跟着扩招；在国家提出扩大专业学位研究生的培养规模时，往往又忽视了学术型研究生的培养。这些都是"跟风"，而不是实事求是。面对教育国际化的挑战，我们的管理理念、管理方法不改变，提高教育质量、办学效益，恐怕就难了。

高校担负着培养高层次人才的重任，他们培养人才的政治和业务质量如何，关系国家和政党的前途和命运。因此，国家如何领导高校、办好高校，有着特别重要的意义。最近，我国年龄最大、担任校长时间最长的杰出校长钱伟长离我们而去，很多大学校长在缅怀钱老时，也在深入思考中国需要什么样的大学？在此之前，一些校长发出"大学校长不是官""高校去行政化"的声音；还有大学校长呼唤"捍卫大学精神"，呼唤"大学要回归大学本质"。更有专家、学者针对我国高校的院士兼职过多、学术不规范、评估流于形式等提出批评和建议。我们深信，国家在认真总结以往经验和教训的基础上，一定能倾听专家学者和校长们的意见，在高校的管理体制和运行机制上进行实质性的变革。

（六）"依法治教"还是"以法治教"

两者虽然只有一字之差，但有本质的区别。"依法治教"是"依据"法律来治理教育，而"以法治教"是"使用"法律作为工具来治理教育，在一个法制还不是十分完备的国家里，后者往往成了人治。因此，我们要不断强化教育立法，更要坚持依法治教，依法治校。不论什么形式的"人治"干扰都在必须排除之列。我国研究生教育已恢复30多年，自1981年试行《中华人民共和国学位条例》，也整整

30 年了,但我国至今还没有真正意义上的学位法,我们期待在学习纲要时,我国的学位法能早日诞生。

纲要已为我们指明了方向,描绘了蓝图,我们相信,只要遵循教育规律,脚踏实地地做好每一项改革,国家提出的教育改革和发展的目标一定能达到。

(写于 2011 年 1 月)

写在《复旦名师剪影》即将出版时

校园文化是社会主义先进文化的重要组成部分,是学校软实力集中体现、是广大师生员工共同创造和传承的精神价值和理想追求,也是学校赖以生存和发展的动力源泉。胡锦涛同志在清华大学百年校庆讲话时指出,"高等教育是优秀文化传承的重要载体和思想文化创新的重要源泉。要积极发挥文化育人的作用……"复旦大学关工委充分认识到文化传承和文化育人的重要性,早在2006年就组织了校史宣讲团和《苏步青传》《颜福庆传》读书辅导小组,多名退休老教授参加这项活动,向学生宣讲原复旦大学和原上海医科大学的校史和优良传统,辅导学生学习名师名家的人生经历、教育思想和人格魅力,起到很好的校园文化传承和文化育人的作用。

近年来,杨玉良校长多次强调,校园文化建设要发扬名师文化,他提出,要把复旦名师在教书育人、做人、治学等方面的事迹作为学校精神文化财富记载下来,使学校的优秀传统得以传承。他真诚希望复旦的老教师、老同志"抢救"一些人、事、物,不要让其失传。

校关工委和老教授协会的负责同志,充分认识到杨校长这一倡议的重要性,也考虑到关工委和老教授协会有一支骨干队伍,他们中不少人曾受过名师优良教风学风、高尚人品的熏陶,有的还曾在老一代名师指导下从事教学、医疗、研究和管理工作,他们热爱教育,熟悉学校历史,能够发掘和提供名师可供启迪和滋养后人的精神食粮。鉴于此,他们主动向学校提出报告,由关工委和老教授协会牵头,承担《复旦名师剪影》的编写工作。我有幸参加了这一工作。

2012年2月成立了编委会,上下动员历时一年零四个月,共组织撰稿140多篇,经反复修改,从中挑选了125篇、共79万字,于今年5月底定稿送出版社,分为综合卷、文理卷和医学卷出版。这些文稿,重点记述复旦、上医名师们的师德、师风、医德、学风方面突出感人故事。内容真实形象、生动活泼。具有较好的思想性、教育性、时代性和可读性。收入的名师虽已作古多年,但他们身上闪烁的人性光辉依旧,他们身上集中体现的中国知识分子的爱国主义精神、追求真理、革故创新、严谨求实和高尚的人格魅力,让我又一次接受了上医名师文化的熏陶,他们名留校史,他们的精神和风范为后学之楷模。

由于所写对象都是国内外著名的专家、教授,是学校领导交给我们的一项特殊任务,这一年多的时间里我如履薄冰,这一特殊的经历让我难忘,在该书即将出版时我有很多话想说,集中用感恩、感动、感谢和感受8个字来表达。

感恩。感恩上医的历史,留给后人那么多名医名师,而这些名医名师创造了上医辉煌的历史,使上医人在一批批名医名师的熏陶下,传承他们的精神,成为上医的传人。感恩复旦大学的领导,站在新的历史高度,重视名师文化建设。感恩学校给我这个退休老人的机会与挑战,使我再次接受上医优良传统教育,有机会为上医文化、精神的传承奉献余生。

感动。我接受担任医学分卷执行主编任务时,最大的疑虑是担心完不成任务,误了大事。但一年多来的一幕幕往事画面让我感动。各学院、医院的在职领导非常重视和支持,落实专人负责,他们不管多忙,找到他们时都会说:"刁老师,有什么事尽管吩咐。"老干部处、退管会领导也一再对我说:"有什么困难尽管提出来。"为了给我创造在家里办公的条件,老干部处处长亲自给我送来办公用品,退管会领导安排专人为我解决电脑工作中遇到的难题,关工委领导对我提出的工作中的设想和建议,都尽力做好协调,召开会议研讨,使枫林校区的编写工作有较好的顶层设计,并一环扣一环向前推进。特别让我感动的是,所有的撰稿人,无论是90多岁的老专家,还是国内外著名的院士,乃至年轻的医生、在校研究生,都怀着对上医的热爱、对名医名师的崇敬,查阅资料、采访家属、学生、朋友,认真撰稿,有些稿件经过了近10次的修改⋯⋯93岁高龄的刘湘云教授,强忍失去爱女的悲痛,一字一句审改稿件,让坐在她身旁的我流下了热泪。86岁的程立教授深情地对我说:"趁我现在脑子还清楚,赶快将朱益栋教授的事迹写出来,说不定哪一天我脑子糊涂了,写不了了,对不起上医,对不起朱教授。"80多岁的汤钊猷院士亲自写稿,还附上了20世纪60年代崔之义教授带他做手术时和做动物实验时的照片,严谨求实的形象跃然纸上。上医校友中的几位院士秦伯益、张金哲、毛江森、杨雄里都在百忙中为剪影撰稿。名师写名师,他们用自己的言行诠释了名师作风和精神。编委会所有的成员都是我的老师和后盾,我们的编委会是两个校区工作融合得最好的团队;是知无不言、言无不尽的好朋友;是民主与集中相结合的领导集体。每次看其他编委修改的稿件、提出的意见及编委会讨论,我都学到很多很多。

感谢。在说了那么多感动的人和事后,我发自内心的话是"感谢"!感谢对我这一年多来的工作关心、帮助、支持和指导的所有人!特别是当我壮着胆请全国人大常务委员会副委员长、上医校友韩启德为医学卷写序时,我万万没有想到,他在百忙中利用周末一气呵成写就千余字的序言,充满了对上医名师的崇敬、对母校的深情!《复旦名师剪影》医学分卷能顺利完成,归功于大家,真诚地谢谢你们!

感受。通过这段工作,我有几点感受:①以人为本,众手成书;②精心做好顶层设计,及早确定编写对象,根据学校的总体要求,规范编写要求;③组织一支老、中、青结合的写作队伍,进行必要的培训,及时与作者沟通和交流;④紧紧依靠基层和编委会,争取各方支持;⑤用上医的传统和精神写名师的事迹,忠于历史,严谨求实,不可有任何马虎和懈怠。这些感受对今后继续做好这一工作也许是有裨益的。

《复旦名师剪影》将于今年11月面世,根据校领导的指示,这项复旦校园文化传承项目,以立德树人为根本任务,将作为学校的常态化工作,作为复旦校园文化传承和文化育人的名牌,一卷卷继续编写出版,在中青年教师、医务人员和青年学生中广为阅读传颂,这是一项非常有意义的校园文化传承工作。

在书稿交复旦大学出版社后,我动情地在日记本上写下了这样一段话:瑞士作家凯勒说"一本书像一艘船,带领我们从狭隘的地方,驶向生活的无限广阔的海洋。"有话说,德高似天,心宽似海,知深似江。我们书中的这些名师,似天、似海、似江,愿他们带领青年学生、医务工作者驶向无限广阔的海洋,为复旦大学上海医学院再造辉煌。

(写于2013年8月)

高校文化传承的一朵奇葩

各位领导、各位老师、同学们:

上午好!

《复旦名师剪影》今天正式与大家见面了,我有幸参加了这一重要的校园文化工程,让我又一次接受了学校名师文化的熏陶,面对这沉甸甸、金灿灿的3本书,我有很多话要说,但只能用感恩、感动、感谢和感受8个字来表达。

感恩。感恩上医的历史,留给后人那么多名医名师,收入医学卷的名师是上医已故的一、二、三、四级教授,其中有16位一级教授,他们虽身处于家国破碎的历史时代,但他们却倡导和践行了党中央现在提出的"爱国、敬业、诚信、友善"的社会主义核心价值观,多么伟大!他们虽已作古多年,但他们身上闪烁的人性光辉依旧,他们集中体现的中国知识分子的爱国主义精神、追求真理、救国为民、革故创新、严谨求实和高尚的人格魅力,永远为后学者之楷模。书中人物中还有3位不同时期的校领导,他们的教育思想、办学理念和尊师爱生的感人事迹,与名师文化融为一体,创造了上医辉煌的历史。感恩复旦大学的领导,尤其是杨校长,站在新的历史高度,重视名师文化建设,给我一个退休老人的机会与挑战,使我有机会为学校文化、精神的传承奉献余生。

感动。书中每个人物的事迹都很感人,一年多工作中的一幕幕让我感动。各学院、医院的在职领导非常重视和支持,落实专人负责;老干部处、退管会领导给我创造在家里办公的工作条件,落实专人为我解决电脑工作中遇到的难题;关工委和老教授协会的领导只要我提出工作中的设想和建议,都尽力做好协调,召开会议研讨,并亲自审阅、修改文稿。特别让我感动的是,所有的撰稿人,无论是90多岁的老专家,还是国内外著名的院士,直至年轻的医生、在校研究生,都怀着对母校的热爱、对名医名师的崇敬,查阅资料、采访家属、学生、朋友,认真撰稿,有些稿件经过了近10次的修改……93岁高龄的刘湘云教授,强忍痛失爱女的悲伤,一字一句地审改稿件,让坐在她身旁的我流下了热泪。86岁的程立教授深情地对我说:"小刁,趁我现在脑子还清楚,赶快将朱益栋教授的事迹写出来,说不定哪一天我脑子糊涂了,写不了了,对不起上医,对不起朱教授。"中山医院老院长杨秉辉教授百忙中对中山医院的稿件进行审核把关。我深深地懂得,他们是响应杨校长的号召,为复旦"抢救"历史上的人和事啊!80多岁的汤钊猷院士亲自写稿,还附上了60年代崔之义教授带他做手术和动物实验的照片,严谨求实的形象跃然纸上。在第一线的年轻医生和研究生,工作繁忙,对所写对象又不了解,他们采访老专家,查阅各类资料,加班加点撰稿。上医校友中的5位院士在百忙中为剪影撰稿,其中张金哲院士已90多岁高龄。名师写名师,他们用自己的言行诠释了名师作风和精神。编委会所有的成员都是我的老师和后盾,我从他们身上学到很多很多。我们的编委会是两个校区工作融合得最好的团队;是知无不言、言无不尽的好朋友;是民主与集中相结合的领导集体。当王增藩老师身体累病了,邯郸校区的金、陆、鄂教授等编委会成员,众志成城,圆满完成了任务。

  感谢。在说了那么多感动的人和事后,我发自内心的话是"感谢"!感谢对我这一年多来的工作关心、帮助、支持和指导的所有人!特别是当我壮着胆请全国政协副主席、上医校友韩启德为医学卷写序时,我没有想到,他在百忙中利用周末一气呵成,千余字的序言,表达了对上医名师的崇敬、对母校的深情!后来学校又请原全国人大常委会副委员长、复旦校友陈至立为文理卷写序,她也欣然命笔,字里行间充满了对母校和老师的情怀。《复旦名师剪影》顺利完成,归功于大家,我和王增藩老师真诚地谢谢大家!

  感受。记得这项工作还没有正式启动前,钱冬生老书记和方老师两位领导找我谈话,要我担任执行主编的工作。当时我说,我已步入古稀之年,能力和精力都难以承担这样的重任,差一点与钱老师争起来。钱老师声音更洪亮了,"我80岁了,你还小着呢!"在前辈面前我只得无言应战。回家的路上,爸爸在我1965年入党时给我说的话"你现在是党员了,今后党交给的任务,不能说不"又响在耳边。就这样,我在胆战心惊中接受了这一任务,当时最担心的是怕完不成任务,耽误了学校的大事。由于所写对象都是国内外著名的专家、教授,这是学校领导交给我们的一项特殊任务,这一年多我如履薄冰。作为执行主编,我有几点感受:①"以人为本","众手成书",紧紧依靠基层和编委会,争取各方支持;②枫林启动时,召开了"诸葛亮会",听取老领导、老教授的意见,精心做好顶层设计,及早确定编写对象和作者,根据学校的总体要求,制订编写规范;③请陆士清教授对作者进行了培训,组织一支老、中、青的写作队伍,及时与作者沟通和交流;④用上医的传统和精神写名师的事迹,对待传统要有敬畏的精神,对待历史要有求实的精神,对待文物要有珍惜的意识,不可有任何马虎和懈怠。这些感受也许对今后继续做好这一工作是有裨益的。

《复旦名师剪影》面世了,她以立德树人为根本任务,将作为复旦校园文化传承和文化育人的名牌。瑞士作家凯勒说:"一本书像一艘船,带领我们从狭隘的地方,驶向生活无限广阔的海洋。"有话说,德高似天,心宽似海,知深似江。我们书中的这些名师,似天、似海、似江,愿他们带领青年学生、青年教师、医务工作者驶向无限广阔的海洋,创建一流的复旦大学,为复旦上海医学院再造辉煌,像名师那样迎难而上,无私奉献,勇于担当。

谢谢大家!

刁承湘

2014 年 1 月 9 日

枫林校区在校学生社会主义核心价值观学习情况调研情况汇报

根据学校关工委近期对我校部分院、系进行调研的统一部署,我们由张永信、韩宗英牵头,分别对枫林校区护理学院、基础医学院、公共卫生学院、药学院的近70名在校学生学习、践行社会主义核心价值观的情况进行了4次调研。参加座谈的学生以本科生为主,护理学院有12名高职生,药学院有11名在校硕士生和博士生。各学院分管学生工作的党委(总支)书记或副书记、部分学生工作干部也参加了座谈。参加座谈的5位老同志与青年学生积极互动,气氛活跃。

一、学生对社会主义核心价值观的总体认识

(1) 学生对三个不同层面的社会主义核心价值观的基本内容是知道的,并有一定的认识。基础医学院陆超成同学说:"社会主义核心价值观的基本内容有24个字。其中富强、民主、文明、和谐是国家层面的价值目标,自由、平等、公正法治是社会层面的价值取向,爱国、敬业、诚信、友善是公民个人层面的价值准则。"

由于座谈时间有限,学生们谈得较多的是个人层面的8个字。很多同学谈到:"爱国不是空的口号,不是假大空""爱国是应该从生活细节里做起的,需要实际的举动""是生活里的点点滴滴,是自己想着能为国家做出点什么,而不是老想着国家能给我带来些什么。"因此,"爱国应该是深入内心的价值取向,是每个人生活在这个国家的基本要求,要关心国家大事,关心社会发展"。同学们还说:"爱国就像是一条大河,由个人一言一行的涓涓细流汇聚而成。"在谈到爱国二字时,还有些同学联系到今年香港发生的"占中",谈到对"一国两制"的看法,感到与自己一起学习的港澳台同学不少人至今还不认为大陆是自己的祖国。有同学

还联想到在对待钓鱼岛事件时,有人游行,有人砸商场的日货,还认为"这是爱国",同学们说:"这不是理性的行动,正确的做法应该是使自己的国家强大,全国人民团结一致,按中央的部署将自己的国家建设好。"同学们对首个公祭日及习主席的重要讲话表示认同。

同学们普遍认为,爱国与敬业是密切相联的,敬业首先是要喜欢自己所从事的职业,敢于尝试,不断实践和钻研,越干越有劲。护理学院的学生联系自己所学专业时认为,要排除社会对护理工作的偏见,弘扬正能量,热爱护理工作。公共卫生学院的学生联系苏德隆教授等前辈的业绩,认识到公共卫生是伟大的事业,一位学生党员说:"预防为主是我国的基本国策,作为一名党员,要去爱它,并为它奉献一生,促使卫生事业进一步发展,这也是党员先进性所在,也是敬业精神的表现。"基础医学院的学生联系现在医患关系紧张,医疗环境不太令人满意,面对各类医闹事件,同学们认为,要保持积极的看法和坚定的学医决心,他们说:"爱国敬业是社会主义核心价值观个人层面的价值准则,需要我们坚守执行。"同学们联系现在的医患矛盾,从医生敬业的角度思考,认为要学好专业知识,设身处地为患者着想,多一份爱心,多一份耐心,多一份关心,做无愧于"白衣天使"称号的好医生。

诚信,就是诚实守信、信守承诺、真诚待人。工作中,尤其是科研工作中要实事求是,不造假数据,不剽窃他人成果。大家在发言中还就某同学为了得到好分数,书写实验报告时造假数据的事,进行了热烈的讨论,认识到实验数据是科学实验的结果,绝不能造假,尤其是研究生,在科学研究中必须实事求是,要有严谨的科学精神,一个人一旦失去诚信,就失去了做人的基本条件,社会失去诚信,社会就会道德沦丧,市场就会一片混乱。

友善,是中华民族的传统美德,座谈中同学们普遍认为这是医学生必须具备的良好品质。护理学院的学生谈到,护理工作始终要保持友善,说话语气要轻,不能大嗓门,对病人要耐心。友善还要表现在同学间和睦相处,互相帮助。友善更要表现在社会责任与人为善,只有人人都能做到友善,才能构建和谐社会。同学们在座谈中还联系复旦大学上海医学院的投毒案进行了剖析和讨论。

座谈中同学们认识到,个人层面的四个要求是互相结合、互相蕴含的整体,要从内心去认同并要付诸于行动。

(2)社会主义核心价值观与西方普世价值观有着本质的区别。这个问题座谈中相对谈得较少,也不是很深入。同学们认识到,社会主义核心价值观与西方普世价值观有着本质的区别。普世价值是西方社会希望全人类接受的所谓共同的价值观,是西方国家对我们进行文化渗透的一个方面,强行向我们推销,其内涵和价值取向与我们的社会主义核心价值观是完全不同的。同学们在讨论中普遍感到,现在媒体上各种声音都有,希望学校教育中,能更多传播正能量,帮助学生提高理论水平和辨析能力,以免走入迷途。

(3) 在校学生,学习社会主义核心价值观重在践行,学校要为学生践行社会主义核心价值观搭建平台。

同学们感到,对年轻学生来说,背出社会主义核心价值观的 24 个字是不困难的,但关键是要将这些要求,尤其是个人层面的 8 个字落实于行动,也就是要践行社会主义核心价值观,这不是很容易。大家联系实际找问题、谈体会、总结身边的事例。就大家提供的一些素材,我们感到以下平台有利于学生践行社会主义核心价值观。

1) 组织学生参加公益活动。如护理学院组织学生参加"阳光之家"志愿者活动;基础医学院组织学生为复旦大学非医学专业大三学生进行献血巡讲活动,消除他们对献血的顾虑,提高同学们的献血热情。

2) 组织学生参加社会实践。如护理学院组织学生到医院导医,为学生指派临床指导专家(有资历的护士长、优秀护士)等;基础医学院利用假期组织 10 名学生去西宁参加临终关怀的志愿者活动;药学院组织学生无偿献血、关心失足青少年。同学们希望学校重视社会实践,给予学生更多的社会实践机会,如支教、关心留守儿童等,让学生了解和接触社会,理论联系实际,践行社会主义核心价值观。

(4) 某些修读课程较好体现了社会主义核心价值观的要求。各学院都为在校学生开设思政课,但内容主要是时事政治,与社会主义核心价值观教育结合不太紧密。专业课教学中,自觉地将社会主义核心价值观教育贯穿于专业课教学中也做得不够。基础医学院为学生开设了一门医学生素养课,8~10 人一组,每组配一名导师,带领学生讨论人文知识,一起阅读文献,活动之余还与导师交谈和互动,解答学生的困惑,讨论将来如何做一名有医德的医生。学生反响较好。

二、存在的问题

我们的调研还是初步的,调查面不够广,也不够深入,存在的问题有待进一步调研。

(1) 复旦大学上海医学院相当于原来的上海医科大学,包括了基础、临床、公卫、药学和护理专业的所有在校学生,但复旦大学上海医学院未设党委,也没有分管学生工作的院行政领导。这样的管理体制,特别在加强党对意识形态领域的引导方面难以适应现在的教育、教学工作的需要,学校要在充分调研的基础上作出决策。

(2) 党政领导工作繁忙,较少将对学生进行社会主义核心价值观教育和引导列入议事日程,并从制度和教学、实践等方面加以落实,多数学生是通过媒体、网络了解的。

(3) 专业课教师自身的水平和对社会主义核心价值观教育的重视程度,我们未作调查,但同学在座谈中较少谈及专业课教学中渗透社会主义核心价值观教育的内容。只有药学院一位研究生提到,他的导师陆伟跃教授每次与学生讨论科研工作都会留出时间与学生交流思想,进行科学态度和诚信教育,学生的反映很好。

(4) 思想政治教育课也未将社会主义核心价值观的内容列入教材和教学内容中。在当前面对媒体的挑战,如何将社会主义核心价值观内容融入到政治理论课的教材和教学内容中,进行正确的解读和引导,尚未引起领导和教师的重视。

(5) 如何寻求合适的教育和引导的理念和方式、搭建更多的平台,促进学生更好地践行社会主义核心价值观? 当代的大学生多数为独生子女,在父辈祖辈的呵护下,自我为中心的倾向较多,为他人考虑不多,他们具备独立自主、理智果断品质的同时,往往对祖国的传统美德和优秀文化传统了解较少。因此,我们在对他们进行社会主义核心价值观教育和引导时,要创新教育理念,寻求合适的途径与方法,不能是单纯的说教,而要在尊重学生独立思考和自主发展的前提下,用现实生活中有血有肉的事例,从他们的所想所思中加以正确的引导,传播正能量。同时,要发挥教师和导师的积极作用,以与学生共同成长为目的,引导学生健康成长,将社会主义核心价值观融入成长经历中。其次,为他们践行社会主义核心价值观搭建更多平台,让他们在实践中去感知和领悟社会主义核心价值观的内涵,塑造人格,接受教化。这方面还有大量工作要做。

(写于 2014 年 12 月)

写在医学研究生投毒案终审判决后

2013年4月15日晚10点,复旦大学官方微博向社会发布"医学院研究生黄洋入院,警方称该生寝室饮水机检出有毒化合物"。16日黄洋同学不幸去世的消息让大众为之扼腕。经多方调查,犯罪嫌疑人林森浩被捕并移送司法机关。上海市第二中级人民法院进行了一审宣判,2015年12月11日经最高人民法院核准,终审判处死刑,剥夺政治权利终身,引起媒体和社会的广泛关注。

面对一条鲜活生命在人为因素下的离开,另一条年轻的生命也因此而结束,两个不幸的家庭蒙受了极大的灾难。大众在表达惋惜的同时,也在震惊中追溯缘由,但更多反思的是我们的教育怎么了?我这里从以下几方面谈点个人想法。

一、试从心理学角度作些解读

投毒案无疑引发了群众和媒体的震惊,也激活了人们的记忆:9年前清华高材生朱令铊中毒事件、10多年前云南大学学生马加爵杀死数个同学的惊天大案同时被再次带入了我的视线。这些骇人听闻的伤害事件为什么会发生在这些年轻、有活力,被赋予家庭、学校、社会期待的骄子身上?

心理学认为,人们在童年如果有兄弟姐妹,他们就更有机会建立、发展、学习与同辈之间友好相处,并建立建设性的竞争关系。然而,独生子女就缺少了这样宝贵的人生经历,他们在成年过程和成年后,在和同伴相处或竞争中容易发生冲突,而且不知如何用积极的方法正确地对待和处理。这也造成了大学生在大学里处理同学间人际关系时,或者没有边界、冲动地渴望与他人的融合;或者关系疏远,不知如何拉近;或者关系紧张,为了各自的利益或观点的分歧,甚至要拼个你死我活。他们不知道如何让自己在人际关系中成长,并在和谐的关系中获得滋养。

心理学还告诉人们,一个人在长大成人过程中,除去成年照料者对孩子的悉心照料和规则树立以外,除了家庭内部长辈对晚辈给予接纳和爱以外,还应该通过家庭、学校、社会等不同层面的介入,为孩子自小创造更多与同龄人在真实人际环境中相处的机会,这是十分重要的。要在相互好奇、相互了解、相互竞争、相互磨合、相互合作中,帮助孩子建立健全的人格,发展健康的人际关系,学会与人相处,使他们懂得如何建立内在压力承受能力来面对竞争的现实世界。而现在,青年人往往是生活在网络的虚无世界里,缺少与别人面对面的交流。对网络传播的多元文化、多元价值观产生的负面影响缺乏免疫与抵御能力。无论是家庭、学校还是社会,从心理上去关心孩子的成长又太少。甚至父母和老师(包括辅导员和导师)自己也缺少心理学的基本知识,以致孩子们出现心理危机时,得不到及时的干预,最后酿成大祸,教训沉痛。

我们期待在这一案件后,学术界能重视犯罪心理的分析与研究,探索林森浩犯罪的心路历程,让人们从中吸取积极的教训。同时,要在学校教师和辅导员中进行心理学的普及与培训。

二、教育学带给我们的反思

我们的教育应该是培养健全的"人",他们应该具备德、智、体的知识与技能,具有健全的人格,懂得如何做人,如何做学问。但长期以来,我国的教育是智育至上,升学第一,只要学习成绩好,一好遮百丑。这些年的择校风、重点学校的评估、高考状元的宣传等愈演愈烈,因此,尽管减负的声音叫得震天响,德、智、体全面发展的理念实施了很多年,素质教育也一直被强调,但事实上,孩子从学前教育开始,无论是家长还是老师,最关注的还是学习成绩。家长关注的是孩子进什么学校,甚至不惜以高学费送孩子进私立学校。因为依照我们现在的教育体制,成绩不好,进不了好学校,尤其是高考,成绩不好,上不了大学,要进名校,达不到录取分数线,那名校就是一个梦。私立学校、重点学校和高考指挥棒成为智育至上的直接原因,造成各级学校都未从教学理念、教学内容、教学方法上树立培养德才兼备的"人"来考虑,更没有具体措施来保证落实。投毒的林同学能读到研究生,我可以肯定,他的智力不会有问题,但其人格肯定有缺陷,人生观、价值观出现了问题,视生命(包括自己的和他人的)为儿戏。投毒虽是个案,但教育存在的这些问题是普遍的,我们的教育要反思啊!

教育还要反思的是我们的教育管理。我们高校的辅导员、研究生导师如何从学习、生活、心理、思想各方面关心学生的成长？研究生与本科生相比，他们思想相对成熟，学习、工作、生活相对独立，他们有些自身的特点往往不被别人关注，如果我们的研究生导师、辅导员、研究生教育管理者，较少与他们面对面交流，则较难发现深藏于他们心底的真实思想，也很难发现他们的异常表现。我们现在还无从知晓林同学在犯罪前有没有异常表现，如果有，我们的教育管理的领导、老师、同学如能及时关心、开导，也许能避免这场悲剧。另外，他使用的剧毒药品怎么会轻易被带出实验室？实验室剧毒药品管理上有没有漏洞？高校整个管理上的现状，也应引起反思，认真总结。

三、社会学给我们带来新课题

在社会学中，人们不是作为个体，而是作为一个社会组织、群体或机构的成员存在。因此，每个人都会受到社会组织、群体或机构风气的影响，反之，每个人的言行也会影响社会组织、群体或机构的风气。新中国成立以来，尤其是改革开放后，我们的国家突飞猛进，经济发展，大国的地位突显，各方面的辉煌成就都是令人鼓舞的。但这些年来党风、民风、社会风气存在的各种问题，使高校的学术氛围、学术生态遭到破坏，给青年学生带来不良影响。贪官和不法分子的物欲横流、金钱至上、诚信缺失、道德沦丧、争权夺利等不良风气无孔不入，腐蚀人的灵魂，对缺少锻炼、思想不够成熟的青年学生无疑带来不良影响，而我们的宣传媒体，如电影、电视传播正能量不够，低劣庸俗的作品充斥市场。社会上的恶性事件也会影响青年学生，林森浩在愚人节因黄洋的一句话听了不舒服，为了"整他一下""开个玩笑"居然投毒。一个受过高等教育的高层次"人才"，还是学医的，为什么敢下此毒手？值得深思。

党的十八大以来，党中央重视高校的深化改革和意识形态领域的建设，严惩贪腐，狠抓党的作风建设，在这样的形势下，教育界应该抓住时机，深入进行教育思想、教育理念的讨论，对学生如何加强辨别是非的能力教育，如何提高学生的素质和能力，提高自身对不良风气的免疫力，使我们培养的学生成为传播正能量、引领社会前进的中坚力量，这应该成为我们教育和社会研究的新课题。

黄洋鲜活的生命付出的代价，是血的教训，另一条年轻的生命也走向了终点，但愿用生命换来的教训能起到警世的作用。这不仅是复旦大学要吸取的教训，而且是整个教育和社会学界要认真反思和重视的问题。

（写于2015年岁末）

上医硕果，收获在美丽岛城
——访青岛校友会有感

2016年6月，我应滨州医学院王滨院长之邀，去该校参加他们的研究生教育工作会议，顺道去青岛拜访了复旦大学青岛校友会的上医校友，受到王德春会长、姜立安副会长兼秘书长等的热情接待。在他们举办的校友恳谈会上，见到了20多位上医校友。在青岛短暂逗留的那一天，给我留下了深刻印象，无论时隔多少年，我都会感受到师生情谊永留心间。

6月15日下午3点多我到达青岛，姜立安秘书长亲自开车去机场接我，并安排好住处。不一会儿，邢泉生博士来了，董蒨博士来了，王德春会长来了……虽然他们从上医毕业后我已多年不见，但犹如见到亲人一样，他们在校学习期间的点点滴滴又浮现在我的眼前……

邢泉生是众多上医优秀研究生的代表，是小儿心胸外科的博士，在校学习期间担任儿科医院研究生会主席。毕业时我们竭力要留下他，但泉生最后还是选择了回青岛。同样，董蒨、王德春等上医优秀博士生也都选择了去青岛，将自己的青春年华奉献给青岛的医药卫生事业。

恳谈会上，校友们畅谈那些在母校刻苦学习的难忘岁月，共话"正谊明道"的校训，"博学、尚医"的教诲和"追求卓越，严谨求实"的治学风格。母校像一座灯塔，指引他们的从医、从政生涯。他们专心致志，踏实前行，使上医的基因在著名的海滨城市青岛薪火相传，使上医的传统和精神在青岛生根、发芽、开花、结果。听着校友们侃侃道来，作为母校的老师感到无比兴奋和鼓舞。

传承母校的创新、创业精神，不断开拓前行，是上医青岛校友的共同追求。在母校就读研究生时就崭露头角的邢泉生博士，被作为特殊人才引进青岛后，在小儿心脏外科尤其是小儿先心病微创手术领域，不懈追求医术的精湛和学术的创新，在先天性心脏病的治疗中独树一帜，先后承担国家自然科学基金资助课题

7项,获多项科技进步奖,2005年获得医务界最高荣誉"中国医师奖",2007年又获得心脏外科最高荣誉、首届中国心脏外科医师"金刀奖",2015年荣获"全国先进工作者"荣誉称号。2006年,他领导的心脏中心荣获"全国五一劳动奖状"。担任青岛市妇女儿童医院院长后倾力推动的医院全面发展,着力学科建设、人才队伍建设、信息化建设和品牌建设,突出提升专业技术水平和医疗服务质量,拓宽服务范围和领域,实现多学科联合,形成了产前产后一体化诊疗模式以及危急、疑难重症多学科会诊的完整的多科联动治疗体系。医院明确以创建"区域性妇女儿童医学中心"为目标,以质量和安全为前提,坚持创新、可持续发展。2017年,他领导的医院荣获"全国卫生计生系统先进集体"称号。

董蒨1987年进入上医攻读临床研究生,在校期间被选送日本进行联合培养,1992年获得医学博士学位,毕业后选择回青岛,在青岛医学院附属医院工作。由于出色的表现,1995年32岁的他破格晋升为教授。他重视临床与科研的结合,善于将现代科学技术应用于临床实践中,取得创新的科研成果。董蒨教授在"十二五"国家科技支撑计划等课题支持下与海信集团合作,成功研发出海信CAS计算机辅助手术系统及SID外科智能显示系统。该系统已取得国家医疗器械产品注册证书和生产许可证,获批参加"十二五"国家科技创新成就展,受到与会专家一致好评。在上述研究基础上,他又与团队和协作单位一起建立人类数字肝脏数据库开放平台,并在国际上首次提出Dong's肝段分型体系,对于精准认识肝脏解剖及指导肝切除具有重要意义。他因出色的工作,1999年获得"全国百名优秀医生"称号,2010年获山东省首届十大名医称号,近日获聘青岛大学附属医院院长。

传承母校"为人群服务"的奉献精神,全心全意为青岛人民服务,是上医青岛校友的共同追求。在青岛市市立医院、青岛大学附属医院、青岛市海慈医院、青岛市中心医院、青岛市妇儿医院等各大医院都有上医校友,他们凭借在母校奠定的坚实基础,在各自的专业领域精益求精、追求卓越。会长王德春在上医获得博士学位后,曾先后去意大利和美国从事博士后研究,回国后潜心于脊柱外科的临床和基础研究,不仅熟练掌握骨科常见病多发病的诊治,对脊柱创伤、脊柱肿瘤、脊柱畸形等的诊治有较深造诣,对脊柱高难度手术亦有成功的治疗经验,在脊柱退行性改变方面的实验研究也取得多项成果,曾获青岛市自然科学一等奖。

很多校友成长为青岛市各大医院的业务骨干和科室领导,各自在神经外科、胸外科、普外科、心血管、呼吸、消化、妇科、儿科等专业具有较高学术地位和知名度。"上医校友"因此成为青岛市医疗卫生领域的一张金灿灿的"名片"。

青岛校友会充分利用上医校友这笔资源，开展学术与公益活动。如举办健康论坛，让校友展示学术水平，发挥专业优势，服务于社会。举办公益讲座，向群众传播防病治病的知识。与市红十字会、中心血站、团市委密切合作，推动建立了青岛市大学生流动血库，取得很好的社会效益。

在与大家的恳谈中，我知道上医的校友无论是在业务工作中，还是在党政领导岗位上，都有骄人的业绩。胡义瑛在青岛市委统战部的领导岗位上，认真贯彻党的统战方针政策，恪尽职守为党外人士服务，为党广交朋友。董蒨、邢泉生、王德春等都是双肩挑干部，他们敬业爱岗，成为学科和单位的引路人。

上医校友用他们的实际行动，完好地诠释了老院长颜福庆教授"为人群服务，为人群灭除病苦"的医学思想。青岛校友会今年4月首次义诊活动后，王德春、姜立安微信告诉我说，今年是上医90周年华诞，为秉持"正谊明道"的上医校训，践行"为人群服务"的奉献精神，校友会特地组织了"尚医为民"义诊行动，作为向母校的献礼。

2015年12月，经过精心筹划，期刊《青岛复旦人》镌刻着复旦和原上医的基因诞生了。应该刊编辑部之邀，为纪念上医90周年华诞，我欣然写了以上这些，抒发我2016年青岛之行的感慨，用以表达对青岛校友会热情接待，给我学习机会的真诚感谢！我也想借《青岛复旦人》一角，祝愿上医校友用热情和智慧不断为青岛市的医药卫生事业写就锦绣文章！祝愿青岛校友会越办越好、取得更大的辉煌！

母校的老师为校友而骄傲！

母校永远是校友的精神家园！

（写于2017年7月）

参加医学与人文研讨会有感

很高兴有机会参加今天的医学与人文研讨会。韩启德院士参加并主持这样的会,足以说明这个研讨会的重要性。

从题目来看是讨论医学与人文的关系。关于医学,韩院士3月份给北京大学医学部的学生讲了"什么是医学"的演讲,我有幸拜读了他的讲稿,他回顾了医学发展史,分析了医学的科学性、人文性和社会性的3大属性,其中有很多具有挑战性的观点或理念。

西方现代科学的发展,催生了现代医学。现代医学教育的根本在于要加强人文教育和伦理教育。这正是我们今天讨论的重点。在今天的会上我只想讲一个观点,那就是我们在讨论上海医学院重视医学人文教育时,不能离开上医历史,不能离开上医历史人物,必须充分重视发挥上医传统与精神的作用。

我退休10多年,承蒙学校的安排,主持编写了《上海医科大学志》《上医情怀》《复旦名师剪影》(医学卷),让我更了解、也更热爱母校。感到母校永远是一本读不完的书。

我连续4年给基础医学院的二级党校上党课,但我讲不了党的历史和党的理论,我讲的是上医历史、传统和精神及上医各个历史时期优秀共产党员的事迹,告诉学生,我们今天如何传承,我们在新时期如何争取入党和做一个合格的共产党员,很受学生欢迎。

人文教育当然要上课,开设人文课程是需要的,但因为是文化,更重要的是在老师的潜移默化中进行。我们医生、医学生面对的是病人,病人首先是人而不是病,你要了解的是这个"人"他在想什么、他有什么疑虑、他对医生有什么期待?等等。最近学校关工委在医学院的中青年教师群体中进行调研:如何将社会主义核心价值观贯穿于医学教育的全过程,实际上也就是人文教育。很多中青年教师能自觉地结合上医历史，用上医的传统和精神去教育和影响学生。这是值得欣慰的。

我们在上医读书时，林兆耆教授曾被视为"反动学术权威"，曾经带我们查房，带我们看门诊。冬天他总是将听诊器放在自己衣袖里将其温热，再放到病人胸前听，听完后一定关照我们要给病人盖好被子；他在门诊遇到腹泻病人，教育我们送大便检查时一定要亲自看看性状、闻一闻气味、仔细询问病史……这些都让我们终身难忘。

现代医学科技的发展给病人带来很多福音，但如果医生没有人文思想，就会坠入技术主义泥坑。我曾因高热，怀疑是肺炎，住进一家三甲医院。但入院后无人体检，没有人测血压，入院、出院记录都是拷贝的，罗列实验室检查数据。我向该院副院长反映，他说："现在上级检查都得靠仪器、设备的检查结果为依据"。难怪现在很多医生听诊器不用了，"视、触、叩、听"不好好学，基本的理学诊断不重视，与病人之间缺少了情感链接。所以，我们要用上医的故事去告诉学生和青年医生如何关爱病人，了解病人，让病人信任你。今年2月我因病住中山医院做手术，术后某一天晚上11点，床位医生林宗武带着两个助手来到病房，我说："这么晚了，您还来看我们？"他说："我刚做完手术，不看你们，我回家睡不着觉。"我突然高兴起来，"上医精神回来了"！我拿起手机给樊嘉院长发短信，表扬这位医生，我觉得将自己的生命交给他，放心。这就是病人心理！

上医要培养仁心仁术的医生，他们必须充满对病人的爱心，又有高超的技术，这是人文教育的根本目的。上医历史上的名医名师有讲不完的故事，这是我们对学生进行人文教育的活教材，我们要充分利用这一宝贵财富。这是我们上医人的特有资产，我们该珍惜啊！这一传统教育还应该扩展到青年教师和青年医生中，他们对上医历史和传统也缺少了解，而他们又担负着教书育人的重任，"教育者必先受教育"，学校领导要重视这一问题。

（写于2017年8月）

参加主题教育活动的点滴体会

今年5月13日中共中央政治局会议决定,从6月开始在全党自上而下开展"不忘初心、牢记使命"主题教育活动。半年来中央电视台播送了几部优秀电视连续剧,接着又播放了"榜样""时代楷模""故事里的中国"等优秀电视节目。看后让人很受教育,颇为感动,引起心灵的震撼。

10月31日听了焦扬书记的主题教育动员报告,11月18日又听了焦书记的学习十一届四中全会精神的传达,更加深了对主题教育活动的认识和理解。虽然主题教育活动对离退休党员同志主要强调学习,并未提出具体要求,但我感到作为有50多年党龄的老党员要通过这次学习,达到"守初心、温信念、担使命、永前行"的目的。

我是个标准的"40后",生在旧社会,长在红旗下,唱着东方红歌曲、学习毛主席著作长大的人。我们这代人经历过苦难的童年,有着充满梦想的少年和拼搏奋斗的青壮年,现今步入幸福充实的晚年。在这次学习中,我有以下几点粗浅的体会。

(1) 人生的不同阶段,初心有不同的内涵。

什么是初心?我的理解就是最初的心愿。用现代语言来表达就是人生最初的梦想。人生的不同阶段其初心的内涵是不一样的。

童年时代,看到与我差不多的小朋友上学了,我萌生的初心是我要上学!小学和初中阶段,我看了红旗飘飘等书籍,那时的初心是,好好学习,长大了做革命事业的接班人。进入高中阶段,我读了《红旗颂》《红岩》等革命书籍,心想要像书中人物那样做个共产党人,萌生了入党的愿望,高中三年级写了入党报告,这时的初心是想做一名共产党员,同时有个愿望就是要好好学习,梦想着能考入一所好的大学。

1963年我如愿以偿考取了上海第一医学院（1985年改为上海医科大学，现为复旦大学上海医学院），当我踏进这所大学的校门时，这时的初心就是将来做个好医生，争取在大学阶段成为一名中国共产党党员。

大学二年级我入党了。党组织告诉我，入党后要一辈子为共产主义奋斗终身。爸爸与我长谈："入党了，你就是党的人，要听党的话，永远跟党走，任何时候、任何情况下都要经得起党的考验。"

大学毕业后，我被分配到妇产科医院，尽管这不是我喜欢的医院，也不是我喜欢的专业。但党组织教育我，你是党员，要服从组织需要；妇女是半边天，你要全心全意为她们服务才对呀！由于组织的教育，我在实践中培养对医院和专业的兴趣，不忘做个好医生的初心，将每个工作岗位都看成是为共产主义奋斗的一个台阶。在医院工作了8年多，1978年我国恢复了研究生教育，我又服从需要被调回学校从事学位与研究生教育管理，这又是一个我完全不懂的领域，这一转岗就是20多年，我体会到时刻在接受党、人民和社会对我的培养、教育和考验。

（2）我们所处的环境一直在变，但自从入党后，作为一个党员我的初心始终没有变。

1965年7月12日我入党了，1966年史无前例的"文化大革命"开始，我们这些青年学生被推到这场革命的风口浪尖上。我从"红五类"变成了"黑五类"，后来又成了"可以教育好的子女"，我的入党预备期也因这场"大革命"而延长至5年多。在这段时间里有过迷茫，也曾有困惑，怕别人说自己是"白专"，不敢看医学书籍，只好整天看毛主席著作。怕被戴上"老保翻天"的帽子，我就当起了"逍遥派"，想躲避这场风波。一向引以为豪的革命老爸被打成"假党员""老反革命""死不改悔的走资派"，我怎么也不能接受。我想用理想、信念去坚定自己的初心，但又不知道共产主义到底在哪里？"文化大革命"搞乱了我们的思想，浪费了我们的青春时光。文化大革命结束后，通过学习和实践，我又找回了初心，并努力去践行。

（3）用担当实干的行动，践行初心与使命。

入党以后，我牢记党组织的教诲，凡是组织交办的事，马上就办，办就一定要办好，不等不靠，不推不拖，勇于担当，用实干的行动去践行初心。50多年来，当我做医生时，我为病人治病就一定要全心全意，不能有一点马虎；20多年的研究生教育管理，为导师和研究生服务，我将平凡的管理工作看成是为国家的建设事业培养建设者和接班人，也是践行初心，为了实现使命，必须全身心地投入。我与研究生院的同事们在一起，贯彻学校领导的办学理念，探寻上医研究生教育的改革发展之路。入党后50多年不管岗位怎么变,但为人民服务、为共产主义奋斗终身的初心没有变。

(4) 用不怕吃亏和乐观的革命精神,激励初心,牢记使命。

我从医院调回学校工作,经济收入是无法与在医院工作相比的,在临床工作的同学给我说,"刁承湘,你这20多年的管理工作比起当医生,可能损失了两座小洋房"。但我不后悔,因为我为培养研究生奉献了青壮年,上医培养的研究生,遍布海内外,不少人走上了各级领导岗位,很多人成为各学科和科研领域的带头人或骨干,这些学生是用金钱无法买到的宝贵财富。我能成为他们成长、成才的铺路石子,我感到很满足和自豪。作为党员不忘初心,就要敢于吃亏,乐于吃亏。

我一生多灾多难,5次骨折,3次大病手术,有2次与死神擦肩而过,我能乐观面对,都挺过来了,赢得了健康,继续为党工作。这些经历让我体会到,我奋斗,我开心,我幸福,才能保证牢记初心。

(5) 初心易得,始终难守。

退休对一个党员是人生的转折点,当你从岗位上退下来时,一下子就可能放松了对自己的要求,如何过好退休生活,对每个人都是考验。我退休18年了,由于牢记初心,才让我去坚守党给我的工作岗位。

退休后,我在《上海研究生教育》编辑部工作了8年多,作为主编或共同主编参与了两本研究生教育书籍的编写,相当于是延长了我为研究生教育服务的年限。

在上医全校的支持下,作为主编或执行主编,我编写了《上医情怀》《上海医科大学志》《复旦名师剪影》(医学卷),为母校留下了宝贵的财富。这是我一生中遇到的最大挑战,责任重大,压力山大,我累得病倒了2次,曾想打退堂鼓,但我又自问:"你是共产党员吗?"是初心唤起我的觉醒,让我懂得,共产党员要不忘初心,不能被困难所吓倒。

(6) 要保持初心不变,就要不断学习。

退休后我担任复旦老教授(退休教师)协会的理事近10年,让我享受了为老服务的乐趣;参加学校关工委工作14年多,在给青年学生上党课、讲述上医的传统与精神时、给医学生上《人文医学》课程导论、讲述颜福庆的医学教育思想时、在与入党积极分子谈话时,都让我找回了青春,再次受到上医传统与精神的熏陶,懂得一个老党员要不忘初心,要有责任与担当。

但这些工作又都是我不熟悉的,我遵循毛主席的教诲,"从战争学习战争",向书本学习,向他人学习,在实践中学习和提高,努力去完成这些任务。

我们的党已进入了新时代,踏上了新的征程,正迎接新的挑战。作为退休老人,我们不懂的东西越来越多。例如,上世纪,当我们刚会使用电话,又有了手机,学会用手机了,出现了电子邮件新的联系方式。当我学会使用电子邮件了,又出现了更便捷的通讯方式——"微信"……很多新名词我们老人都听不懂,如P2P、产业链、区块链……我真的感到,不学习就要落后,再好的梦想也无法实现,再好的信念也无法坚持,也就无法为党工作,甚至与青年人对话都有困难。因此,一个共产党员要保持初心不变,就必须不断学习,才能实现理想、信念。

2020年,我将迎来第二次退休,离开复旦关工委这个学习型的温暖集体,将会失去许多学习的机会,但作为党员永远没有退休,我将活到老学习到老,过好第二次退休关,将"不忘初心、牢记使命",作为终身学习和研究的课题,守护初心,继续前行。

(写于2019年岁末)

重视研究生道德教育的思考

以习近平同志为核心的党中央明确将"加强思想道德建设"作为坚定文化自信、推动社会主义文化繁荣兴盛的重要内容。特别强调"深入实施公民道德建设工程",要求各类学校"加强和改进思想政治工作",将立德树人作为高等学校的根本任务。这些指示精神,充分体现了党中央对当前加强道德教育的重要性、必要性和紧迫性的要求。

道德是一定社会调整人与人之间关系、人与社会之间关系的行为规范和准则。道德教育是"对受教育者有目的地施以道德影响的活动",它是道德活动的重要形式之一,是高等学校思想政治教育的重要内容之一。研究生教育是高等教育的最高层次,本文仅对研究生道德教育谈些个人的认识和想法,以与同行切磋。

一、对研究生进行道德教育的特殊性

研究生是一个特殊的群体,有许多自身的特殊性。

(一) 研究生在教育层次中的特殊性

研究生处于从本科生到高层次教育、科技、管理人才的特殊培养阶段,是教育层次中的最高层次,他们经历了本科阶段的系统教育和训练,又经历了激烈的升学竞争,在思想、心理、学习、生活等方面有许多与本科生不同的特点。认识处于这一教育层次学生的特点,对我们正确地进行道德教育是非常重要的。多年来,社会上(包括研究生教育学界)对研究生的评价和认识往往褒贬不一。有时称颂他们为"时代精英",有时又责备他们是"令人失望的一代"。顺利时觉得他们样样都好，出了一点问题又会将他们说得一无是处。这是我们思想方法和认识问题片面性造成的。研究生既有学生身份的一面，又有教师、医生、科研人员等身份的一面，是一个特殊的受教育群体，是处于学校与社会衔接的一个年龄、知识、思想层次较高的特殊群体，我们只有正确认识这一群体，才能使道德教育取得成效。

（二）研究生自身的特殊性

与本科生相比，研究生有以下自身特殊性或特点。

年龄跨度大，面临个人问题较多。现在硕士生年龄一般20～35岁之间，博士生年龄大的在40岁左右，博士生中已婚已育的也有。他们入学后遇到的个人问题比较多，如到了谈婚论嫁阶段，寻找怎样的伴侣，恋爱、结婚所需的花费等往往给他们不小的压力。入学前已婚者，则面临夫妻两地分居，家庭开支增加的境况，而研究生的奖学金、助学金有限，使本不富裕的小家庭，更觉经济拮据。若已是为人父母，或自己的父母经济也有困难，则牵累更多，往往将赚钱养家作为自己的奋斗目标。

考生来源不同，各人社会经历不一，人生观、价值观呈多元化。随着我国研究生教育事业的发展，生源呈多元化趋势，如本科生直升或考取研究生；在职工作人员通过拼搏考取研究生。若是前者，由于是"由校门进校门"社会经验相对不足，思想相对活跃，多少带有本科生的气息。若是后者，他们的社会经历和个人背景不一，他们的思想和工作不可避免地带有社会正面或负面的影响。但不管是前者还是后者，他们都处于我国改革开放的新时代、一个变化万千的社会变动时期，在新与旧、开放与封闭的交接点上去认识社会和思考人生。社会生活多变性和思考问题的多角度，造成了他们人生观、价值观的复杂化和多元化。例如，他们渴望成才，但对成才道路的艰辛思想准备不足；对未来的期望值往往过高，而又缺乏不断攀登的勇气。又如在市场经济负面效应影响下，人们对"金钱"和"利益"过于追求，使得部分研究生更加关注切身利益，讲究"实惠"，甚至在一定程度上助长了个人主义、利己主义和拜金主义等风气，往往会影响他们对事业的追求。

研究生教育作为比本科生教育高一层次的教育，是本科生毕业后教育的一部分，既不是本科教育学制的"延长"，也不是本科教育的"叠加"，而是一个独立的教育阶段，是在研究中学习，在学习中研究，需要有更高的学习自觉性和自律精神，不少刚进校的研究生对这样的学习生活有个适应过程，容易一头扎进专业学习和科研工作中,忽视了全面发展和对社会、国家大事的关注,这都需要导师和研究生教育管理部门加以正确的引导。

(三) 毕业研究生在国家建设中的特殊性

我国研究生教育恢复 40 年了,40 年的实践经验告诉我们,毕业研究生是国家各条战线上的建设者和接班人。研究生的外语水平和计算机应用能力相对较高,他们在这两方面所具有的优势,使他们可以通过图书阅读和网络查询文献,了解自己所学专业的学术动态和学科前沿的研究情况,拓宽专业知识和创新思维。因此,绝大多数研究生毕业后都会受到用人单位的重用,成为国家各行业建设中的栋梁之材,他们的政治方向、素质能力、道德情操、奉献精神如何,关系到国家的前途和命运。

(四) 我国当前所面临的国内外形势的特殊性

我国正处于建设中国特色社会主义的新时代,国内在政治、文化、经济、教育科技等方面面临着新课题、新任务、新挑战、新机遇;国际上我国呈现的是负责任的大国形象,在重要国际事务中中国有话语权,国际影响力越来越大,习主席关于建设"人类命运共同体"的论断引起国际关注。作为祖国未来接班人的研究生们必须有国际视野,具有为人类作贡献的宽广胸怀。

总之,我国现在面临的国内外形势,既是最好的发展机遇,又面临更大的挑战,既为研究生提供了各种施展才华的舞台,又对研究生提出了更高的要求、责任、使命与担当。因此,重视研究生的道德教育,是我国研究生教育工作紧迫而艰巨的任务,一刻也不能松懈。

二、 研究生道德教育的内容

研究生成长和成才是多方面教育综合作用的结果。研究生道德教育作为思想政治工作的重要组成部分,其内容很多、很广,最终目的是教育学生如何做人、如何做学问,其具体内容应包括以下几个方面。

(一) 珍惜学习机会,开拓创新的境界

无论是应届毕业生还是在职人员,考取研究生都不容易。应届毕业生可能冒着失去找到理想的工作单位的风险;在职人员为了集中精力温课迎考,有的辞

去在职工作,失去了那份工资。为了参加研究生入学考试,他们放弃休息和娱乐,付出了艰苦的脑力劳动,这是那些见不到或难以用金钱来计算的代价。但有时踏进了研究生教育的大门却有人放松了学习,降低了对自己的要求。对此我们有责任加以正确的引导,使他们珍惜来之不易的学习机会,继续拼搏和奋斗。更为重要的是,要让刚入学的研究生懂得,"研究生"也是学生,但重在"研究"二字,"研究"是在前人工作的基础上,不断去探索未知,因此,研究生应有创新的思维,开拓的境界,勤奋工作,而守旧和偷懒是研究生的大忌。

(二)追求远大理想,领悟人生真谛

处于青年时期的研究生,与本科生相比其突出的特点是思想敏锐、富于理想,而社会的矛盾、各种思潮和心理情绪,往往通过他们迅速而尖锐地反映出来,他们的人生观、价值观往往更趋于复杂化和多元化。

面对这样的群体,我们的道德教育工作者要沉到他们中间去,通过多种方式,引导他们树立远大的理想,使他们将爱我中华的爱国热情与青年人的时代责任与使命结合起来,在献身于事业和社会实践中去体会和领悟人生的真谛,懂得创业之艰辛、守业之不易,克服以"自我实现"为核心的人生价值取向,去除思想分散、不思进取的懒汉态度,摒弃将"经济收入"放于首位的择业观念。

(三)遵循教育规律,传承道德精神

教育有自身的规律。教育者在向受教育者传授科学知识的同时,要向受教育者传授社会道德规范方面的知识,目的是使社会道德规范通过"灌输"内化为受教育者个体的行为准则,其核心就是教之"上所施,下所效",化之"使作善",使受教育者严格遵守道德规范,使中国传统的道德精神得以传承。我国有5000多年的文明史,它告诉我们,道德教育具有社会示范性、行为指向性和历史传承性。现代教育思想告诫我们,这"三性"是使受教育者的道德意识在长期的个体道德实践中得到觉醒与升华,不断重塑具有进步意义的时代道德价值和道德精神,这就是道德教育的规诫功能。它影响和制约了受教育者的思想观念和实际行为,作为高层次人才的研究生,他们的德行进而会影响社会的和谐及时代的进步与发展。

(四)坚持实事求是,遵循科学精神

"实事求是"是毛主席用中国成语对马克思主义世界观和方法论所作的高度

概括。"实事"就是客观存在着的一切事物,"是"客观事物的内部联系,即"规律性";"求"就是去研究。坚持实事求是,基础在于搞清楚"实事",就是了解实际、掌握实情;关键在于"求事",就是探求和掌握事物发展的规律。对研究生来说,坚持实事求是是其从事科学研究的核心要务,离开了实事求是就谈不上科学精神。我们已步入新的历史时期,一方面给科技、教育和文化各方面带来巨大的繁荣、进步和活力,另一方面也产生了一些社会问题,进而影响到高层次人才培养,在研究生中出现一些科研道德的失衡行为,其主要表现在:科研数据有失实的表现,少数人原始记录不认真、不规范,甚至对原始数据进行"包装"或"再加工",更有甚者请人代写论文,这虽然是极少数,但危害极大;科研工作中浮躁和急功近利的作风比较普遍,做出一点成绩就急于发表论文,有的为达到学校规定的论文发表篇数,不惜将一篇水平较高的系统研究文章拆成两篇,发表在低层次的杂志上;科研工作中团结合作的精神也有待加强。这些都是道德教育中无法回避、也不能回避的问题。

(五) 树立法治观念,依法立身立人

我们现在生活在一个法治社会,遵纪守法是国家对每个公民的要求,作为研究生,应该带头遵守国家法纪法规和学校的各项规定,以此立身立人,使自己成为本科生学习的榜样。

(六) 尊师重教爱生,献身立德树人

研究生具有学生和教师的双方重身份,在高校里一方面他应该尊敬自己的师长,传承他们的学识与精神;另一方面作为老师又要爱护自己的学生,担当起教书育人的职责。因此,研究生应该成为高校立德树人的中坚力量。

三、研究生道德教育的途径与方法

一个人的道德是从小养成的,习近平主席说:"人生的第一颗扣子就要扣好,人生中很多个扣子,要在受教育过程中一个个扣好。"要落实研究生道德教育的内容,必须通过必要的途径、采取恰当的方法,才能落到实处。

(一) 自觉学习

道德教育固然要靠灌输,但更要自觉地学习国家、社会、学校的道德要求,使

之印在脑海里,落实在自己的行动中,而不是挂在口中。

(二) 严格育人

中国有句古语,"严师出高徒"。在研究生教育中教育者和受教育者构成的是一个"人-人"系统,较之工业的"人-机"系统和商业的"人-物"系统,其显著系统特点是人具有主体意识和主观能动性。因此,尊重人的主体意识,调动人的积极性,这既是道德教育的出发点,又是道德教育的归属。由于研究生这一群体无论是思想觉悟还是认识水平,都体现出有较强的自我教育能力,因此发挥其自我教育的积极性和主观能动性显得特别重要。

在高校里的"师",包括了三种老师:业务教师、从事行政管理的老师和从事后勤服务的老师,因此高校的育人工作事实上是"三育人",即业务教师的教书育人、管理老师的管理育人和后勤部门的服务育人。

在研究生教育中特别要强调的是导师的教书育人作用,这是其他任何人都无法替代的。导师在教学、科研活动中自觉地将道德教育贯穿其中。例如,入学时结合专业思想教育进行学习目的、远大理想的教育;指导论文研究过程中进行科研道德、科学作风、献身精神的教育;毕业时指导正确择业,教育学生正确处理国家集体和个人的关系。更为重要的是导师的知识结构、治学态度、工作作风、思想品德等方面潜移默化地影响着研究生,往往对学生是终生的影响。导师是学生事业和人生的引路人,也是对研究生进行道德教育的第一责任人。当然其他业务教师在教学工作中在向学生传授知识的过程中,也必须将育人工作融合在教学工作中。

管理岗位上的教师主要职责是维护正常的教学秩序,执行各项规章制度,做好各个管理环节,保证研究生的培养质量。他们在教学管理工作第一线,与研究生接触较多,研究生中出现的思想、心理问题或违纪事件往往首先在管理干部面前反映出来。因此,每位管理老师都要将自己看成是德育老师,结合本职工作将育人功能融入其中。

后勤服务老师也应将"服务育人"列为己任,在规范研究生的行为习惯、教育学生爱护公物、培养学生的公共道德、监督研究生在公共场所或宿舍内行为表现等方面大有用武之地。

因此,花大力气落实"三育人"并严格育人,这是研究生道德教育的重要途径与方法。

（三）制度的引领和约束

研究生教育经过40年的发展,我国学位与研究生教育规章制度不断完善并与时俱进,其中很多都是关于研究生的道德规范。例如,各校根据国家规定和本校实际情况制定的《研究生行为准则》《研究生科研道德规范》《研究生奖学金评审办法》《研究生学籍管理办法》等。学校依据这些规章制度对研究生进行日常管理、教育、检查和督促,引导研究生自觉用规章制度来规范自己言行,不断健康成长。

值得强调的是,规章制度是为培养人服务的,而不是为了卡学生或把学生管死,制度要具有一定的引领作用和权威性。因此,制度制定时要多方征求意见,经过充分讨论,有的需要经过校学位委员会或校务委员会讨论决定。一经确认,就要认真执行,以保证规章制度的严肃性和权威性,保证学校依法治校。若执行过程中认为制度不契合实际,跟不上时代发展的需要,需要修改或完善,也应经一定的程序进行修改,制度的执行切忌随意性,这是制度管理中必须重视的问题。

（四）开展网上道德法规教育

以计算机、通讯和信息技术为支撑的网络已成为新时期人与人之间互相联系和交流的桥梁和纽带,通过网络交流思想,在网上获得各种新科技及其他信息,在网上周游世界,欣赏世界优秀文化艺术,在网上听课、听报告……随着网络技术的发展,网上的道德、法治观点也受到了挑战,上网者的行为极难控制,不健康的宣传资料经常出现;网上造谣、诈骗时有发生;甚至网上恶作剧也屡见不鲜……研究生是接触网络较为普遍的群体,他们喜欢自由自在地网上聊天;网上不健康的内容也容易给他们带来负面影响。在这样的形势下,除了加强校园的网络管理外,对研究生加强"网者"的道德、法规教育是非常重要的。其内容应包括:提高研究生的自身"免疫力",自觉避免接触不健康的网络内容;加强法治观点教育,对轻信和传播违规内容的研究生,一经发现,应正确引导,加强教育,对造成不良后果者,应按校纪校规处理;进行科学道德和诚信教育;教育学生形成"自控能力",不能沉迷于上网而影响正常的学习和工作;弘扬爱国主义主旋律,重视健康心理和素质的培养和教育,使学生对竞争和压力有较好的承受能力;提高与人沟通交流的能力,使其性格开朗、情绪稳定,乐观向上。

（写于2020年4月）

传递红色基因　致力铸魂育人

中国共产党第十九次全国代表大会，把习近平新时代中国特色社会主义思想确立为党必须长期坚持的指导思想并庄严地写入党章，这是新时代中国共产党的思想旗帜，实现了党的指导思想的与时俱进。第十三届全国人民代表大会第一次会议通过的宪法修正案，郑重地把习近平新时代中国特色社会主义思想载入宪法，这是国家政治生活和社会生活的根本指导方针，实现了国家指导思想的与时俱进。

习近平总书记指出，要把学习党的新理论作为全党、全国人民思想武装的重中之重，并同学习党史、新中国史、改革开放史、社会主义发展史（以下称为"四史"）结合起来，与"读懂中国"学习活动结合起来。总书记要求把立德树人融入学校的思想道德、文化知识、社会实践各个环节，对学生加强爱国主义、集体主义、社会主义教育。复旦大学党委在纪念老校长陈望道首译的《共产党宣言》全译本发表100周年时开展各种纪念活动，要求全体教师要弘扬和传承红色基因，致力于铸魂育人。

作为高校的老师，我们这一代人，学习或亲身经历过新中国成立后的各个历史时期，对学校的历史也有一定的了解，有责任在传递红色基因、培育社会主义事业的建设者和接班人的工作中尽微薄之力。

自2014年起，复旦大学基础医学院即邀请我为学院的入党积极分子上党课和为在校学生讲上医历史；2017年为基础医学院开设的"医学人文导论"课程上课，主讲"颜福庆的医学教育思想及其现实意义"；2018年开始，时任基础医学院党委书记钱海红牵头，为医学院学生开设了一门课程——"人文医学"，我作为授课教师受聘讲"上医精神与颜福庆的医学教育思想"；此外，这些年来，我先后为五官科医院、儿科医院党员上党课、为华山医院在校研究生党员和入党积极分子上党课、为肿瘤医院退休老党员上党课。这些课程尽管听课对象不同，要求也不完全一样，但主旨都是：以上医（包括附属单位）文化与精神为主线，以上医历史上的优秀共产党员和名师的事迹为案例，结合党章、现在的形势要求、听课者的实际情况进行讲解，传递的是校园文化与精神的红色基因，最终目的都是为了铸魂育人。

此外，我还在家里多次接受学生的来访，他们事先会提供访谈提纲，我根据他们的要求，谈自己在党的培养教育下成长的经历，谈自己的入党动机，与他们坦诚交流青年人的理想和信念。访谈结束，我带领他们参观位于我家附近的宋庆龄陵园，了解伟大的共产主义战士、国家名誉主席宋庆龄的丰功伟绩，接受革命传统教育。陵园的名人园内有复旦大学创始人马相伯和复旦大学上海医学院的名师、共产党员陈中伟院士的塑像，在这里学生传承的也是复旦大学的红色基因。

回顾这些年参加关工委的工作和经历，我在教书育人方面的做法和感悟如下。

（1）党中央号召全国人民要"读懂中国"，作为高校教师首先要读懂自己的学校。

习总书记关于"读懂中国"的号召，对建设中国特色社会主义有着非常重要的意义，我国正处于经济、社会的转型时期，我们的国家往哪里去？将建设成什么样的国家？我们首先要了解中国的历史，了解中国 5 000 年的文明史，了解中国的过去、现在和将来；中国是由中国共产党领导的，因此也必须了解中国共产党的历史及其治国理念。

在这样的大背景下，复旦大学要建设世界一流大学，复旦大学上海医学院要建设成世界一流医学院，那我们作为学校的教师，首先要读懂上医，了解上医从哪里来，将向哪里去？作为高校退休教师应为此做些力所能及的事。因此我这几年在给枫林校区的学生、青年教师和退休老同志交流时，要求自己首先要读懂上医，讲上医的故事，讲上医不同历史时期优秀共产党员和先进人物的故事，使上医的历史和各个时期的历史人物，具有时代穿透力，向上医的后人传递上医的红色基因。通过我的讲解，"故事里的上医"中的历史人物一个个鲜活起来，听课者听得津津有味，他们成为学生们学习的榜样和偶像。我结合当代形势的要求，启发和帮助他们树立共产主义的理想和信念。

（2）授课前先了解听课对象的所思所想，以使授课内容契合实际，提高授课效果。

邀请我上课的单位一般都提前1~2个月就告诉我上课的任务,我都会请他们做一些预调查,了解听课对象的现实想法和对课的要求。例如,听课者对上医和所在单位的历史了解吗？对学校发展的关注度如何？学生入党的动机是什么？他们对我党历史、现状的认识如何？预备党员对做一个合格党员有些什么想法？老同志退休后有些什么困惑？退休后的党员对如何发挥党员的先锋模范作用有些什么认识？听课对象中有哪些典型事例(包括正反面的)？这样的预调查,让我做到心中有数,上课内容就可以有的放矢,接地气,使自己与听课者之间能心灵沟通,带着平和的心态与听课者交流。

从每次授课后的反馈信息,让我感到很欣慰。有学生说:"我原来不知道上医有那么多一级教授,更不知道他们的事迹。听了刁老师的课,才知道他们在中国苦难深重时留学国外,为改变祖国医药卫生的落后面貌,放弃国外的优越条件,毅然回国,这是真正的爱国主义精神,在当代仍具有时代意义。"还有研究生同学说:"读医好苦,医学科研要出成果很不容易,要耐得住寂寞,来不得半点虚假,上医的前辈告诉我,什么是实事求是,什么是科学精神,这是科学研究的灵魂,我们要牢记并传承。"

(3) 在读懂的基础上,将上医的文化、传统和精神进行总结和概括,与我们所处的时代精神结合起来,便于听课者传承和发扬,更好地发挥育人的功效。

习总书记指出:"文化是一个国家、一个民族的灵魂。"他还说:"文化是最需要创新的领域。在人类发展的每一个重大历史关头,文化都能成为时代变迁、社会变革的先导。"那么,什么是上医文化？它与传统、精神有什么样的关系？这是讲课中要回答的问题。

在上医90华诞的庆典大会上,上医杰出校友韩启德院士在致辞中说:"文化是一个群体在一定时期内形成的思想、理念、行为、风俗、代表人物及由这个群体整体意识折射出来的一切活动。"他还说:"一代人有一代人的责任。所有上医人要高擎先辈点燃的精神火炬,继续为后人贡献自己,为上医添砖加瓦。"每所稍有传统的高校都有自己特有的文化和文化氛围,给予师生特有的熏陶和滋润,在润物细无声中授予师生特有的素质和品格,并形成一所大学特有的传统和精神,正因为如此,大学成为校友们永远的精神家园。因此,大学文化是大学传统与精神的根基。《复旦名师剪影》(医学卷)中的上医名师及现在还健在的名师们所彰显的是医学名家的学术典范、爱国为民的奉献精神、高尚的行为与人格魅力,都集中体现了上医文化。名师们用上医文化塑造了一代代白衣天使,上医培育的学子是作风严谨、工作踏实、勤奋刻苦、好学上进、爱国为民的医药卫生人才。在这次全国抗击新冠肺炎的战斗中,无论是驰援武汉的抗疫英雄,还是坚守在全国各地医疗卫生战线的上医学子,人们看到了他们"苟利国家生死以"的英雄无畏和全心全意为人民服务的精神。这些都彰显的是上医传统,上医成了为千万人提供"托命之场"的医学院校。原协和医科大学校长巴德年院士称上医是现代医学界的"黄埔军校"。我每次讲课力求用史实说话,将上医的文化、传统和精神进行概括和总结,希望让上医的红色基因镶刻在学生的脑海里,融合在他们的血液内,体现在他们的行动中,使上医无愧于现代医学的"黄埔军校"的称号。

(4) 教育人者必须自己首先受教育,必须提高自身的文化素养和精神境界,尽量使自己跟上时代步伐。

我是 20 世纪 60 年代上医培养出来的学生,作为学生,在校学习期间对母校的历史、传统与精神并没有更多的了解,更何况时逢特殊时期,上医文化与精神被扭曲。拨乱反正后虽然还上医历史真面貌,但并没有系统接受这方面的教育,而是在自己留校工作后的工作实践中切身体会到上医的文化、传统和精神,但从未研究过。

值得庆幸的是,我退休后受学校任命,作为主编,编写了《上医情怀》,作为执行主编编写了《上海医科大学志》《复旦名师剪影》(医学卷)等书,这让我有机会更全面地了解母校的历史,接受上医传统与精神的洗礼,感到前辈们对上医文化提出了卓越的理念,每个历史时期都涌现出反映上医精神的榜样人物。我自觉地将这些工作看成是极好的学习机会,如饥似渴地学习,从先辈们身上汲取精神营养,陶冶内心情操,提高思想境界。同时我也注意关心时事政治,了解新时代对青年人的要求,在关工委学习会上向其他老同志学习到很多,上医的培养使我养成了思考的习惯,比较注意积累资料。在学习和工作中,我认识到,作为医学院的一名老党员、老职工要接过先贤的重托,牢记为党育人、为国育才的使命,将红色基因一代代传下去,使我们培养的医学生能弘扬"为人群服务,为国家献身"的传统,具有"救死扶伤、医者仁心"的精神,成为有温度的医药卫生工作者,以服务健康中国为使命和担当。

退休 20 年是我重新学习、接受教育、不断提高的老年学习阶段,非常感谢学校给了我这样的机会。这为我向学生传递红色基因奠定了基础。

这些年,我为读懂中国、传承红色基因在教书育人工作中进行了探索。我认为这种教育活动还可前移,在医学生入学时就应该列为入学教育的内容,并贯穿于整个学习阶段。全体教师首先要了解上医,他们都应该是上医红色基因的传播者和教育者,是学校育人的主体。同样,青年教师上岗前也要接受上医文化教育,请老教授给他们进行岗前培训,讲述上医的教风和学风,否则他们怎么能传承呢?在上医的校园里现在已经营造了一定的上医文化的育人环境与氛围,步入这所医学殿堂就要牢牢记住:我是上医的后代!我要当好上医传人!

2014年9月,习总书记在北京师范大学师生代表座谈会上就指出:"好老师应该懂得,选择当老师,就选择了责任,就要尽到'教书育人、立德树人'的责任。"我虽然从工作岗位上退下来了,但我感到教书育人的责任永远不应该退岗。回顾为了正确的认知,缅怀是为了更好地传承;用动态的、历史的、前瞻性的理念去理解传统与精神,理解教书育人,在传承的同时要发展,注入新的内涵,使上医文化红色基因和教书育人的优良传统不断发扬光大!

(写于2021年4月)

守初心，温信念，担使命，永向前
——参加学校关工委工作的点滴感悟

2021年是教育部关工委成立30周年。我自2006年4月参加复旦大学关工委工作，转眼间已经15年了，这15年在学校关工委领导下，在各二级单位支持下，我主要做了以下一些工作。

（1）受聘为学校党建辅导员（也曾称为党建组织员）。曾跟随一个硕士生班级，指导和参与班级的党建和各项活动；为复旦大学研究生工作部培训了一期党支部书记；给医学生和枫林校区机关青年党员上党课，重点讲如何做合格的共产党员；受医学院党委委托，代表上级党组织对入党积极分子进行入党前谈话并签署意见（每年10~20人不等）。

（2）担任复旦大学"经典读书计划"指导老师，辅导医学生读《颜福庆传》。

（3）在党中央全国人民"读懂中国"的号召下，作为高校教师，首先要读懂自己的学校，给医学院学生和青年教师讲上医历史，讲颜福庆的医学教育思想、上医精神及其现实意义，讲上医不同历史时期优秀共产党员的事迹。

（4）积极参与大学校园文化的传承和建设。2005年复旦大学百年校庆，作为执行主编，编写了《上海医科大学志》（170多万字）；2007年上医80年庆，主编了《上医情怀》（50多万字）；2013年作为执行主编，编写了《复旦名师剪影》（医学卷）（30万字）。

（5）参加校关工委的学习和调研。复旦大学关工委是学习型的关工委，我曾是关工委理论组成员，我积极参加关工委的每次学习，倾听老同志和其他同志发言，参与讨论。我负责"关工委长效机制的研究""进一步发挥离退休干部党员正能量的思考——基于复旦大学医口离退休干部党员的调查"两项课题的研究，认真调研，按时完成总结报告，获得两项上海市成果奖。

回顾这难忘的15年，我对关工委的工作是积极投入的，这有两个动因。

（1）2001年4月初，我爸爸住进华东医院，时任上海市关工委主任的刘克同志去医院看望，商研4月26日召开全市关工委大会。不久爸爸病重，他已感觉不能出席并主持大会了，他口授、由妈妈记录了五点意见送市关工委，两天后他永远地离开了我们。他在弥留之时还关心下一代工作的执着和追求，那个场景永远留在我的脑海里。

（2）我一生将人生中最宝贵的时间和精力从事研究生教育管理，退休后我给自己立下规矩：对研究生院的工作不参与、不评论、不干预，但领导还让我继续为研究生教育工作干点事，为关心下一代工作尽点力，这些正是我事业的延伸。

15年关工委的工作，让我有机会又回到学生中间，与他们结下了情谊，我辅导过的一些学生至今都与我保持着联系，有学生干脆叫我"刁奶奶"，让我感到特别亲切。关工委的工作让我找回了青春！

回顾这段经历，我有几点感悟。

（1）有限。我的时间、能力、精力有限，因此工作及发挥的作用更是有限的，取得点滴成效确实是微不足道，我做的工作仅是学校关工委工作冰山之一角，但有战略意义。如果在职领导不搭建平台，就没有我们发挥余热的舞台。

（2）认真。毛主席教导我们："世界上怕就怕认真二字。"我在学校教育和家庭的影响下，养成了认真的习惯，无论是给学生上课，还是讲座、座谈或访谈，我都要认真备课，自我试讲。

（3）真诚。不以教育者自居，与学生交谈从谈自己的成长经历开始，与学生交心，将心比心，让学生自己讲出心里话，加以引导。

（4）平等。将学生当朋友，甚至视为儿女和孙辈。拍一下肩膀，可拉近与学生的距离；发一个短信或电子邮件，节假日打个电话，也可让学生感到尊重和温暖。

（5）互动。与学生交流，先启发引导学生谈想法、讲意见、提要求，使自己讲话有针对性，努力做到与学生有心灵的沟通，思想的碰撞。

（6）学习。教育者必先接受教育，这是千真万确的。尤其是我们退休多年，很少开会、学习、听报告，消息闭塞，思想跟不上形势。原来熟悉的，现在不熟悉；原来懂的，现在不懂了；原来在第一线，了解上级精神、学校现状和学生情况，现在不了解或了解很少。我空前感到没有工作资本！怎么办？唯一的办法是学习。

关于学习多讲几句。

（1）有学习原动力：为工作、为生活、为进步而学习，不学习就无法工作，不学习就跟不上时代步伐,甚至被时代抛弃。

(2) 寻找学习方法:读书不是唯一的,在实践中学习,带着问题学习。

(3) 讲究学习效果:理论联系实际,学而有益,学以致用,并不贪多求全。

(4) 虚心向人请教:如编写《上海医科大学志》,我根本就不懂什么是"志",更不懂怎么编写"志",通过复旦老教授协会,请中文系陆世清教授给所有编写人员开讲座;讲上医校史,在编《志》的基础上,选材、分析、归纳,做PPT,以吸引学生的眼球;讲科学发展观,学文件,找辅导材料,了解学生需要;讲党中央有关会议精神,找有关专家咨询,找资料,向学生了解情况,将"爱国、奉献、责任"留给学生思考;辅导学生学习《颜福庆传》,可谓是被"逼上梁山""笨鸟先飞",但我虚心求教,找书的作者,请教王增藩老师;承担两项课题研究,学习文件、查阅资料、了解上级精神,调研、座谈,熟悉复旦大学情况,思考问题与对策,使自己学习到很多,并提高了认识。

今年是建党100周年,作为有56年党龄的老党员,更要不忘初心,牢记使命和信念,永远跟党前行!最近国务院副总理孙春兰、教育部关工委领导都有重要讲话,为今后关工委的工作指明了前进的道路和方向,我当自觉认真学习,继续为学校关工委工作尽微薄之力。

最后用四句话表达我的心愿:关工委工作战略意义深又远,关工委工作引我走上新征程,学习前辈们使我永当小学生,关心下一代与时俱进奋斗终身。

(写于2021年12月)

对高校离退休干部心理健康的几点思考

人口老龄化是19世纪逐步显现出来的社会问题。中国是1999年步入老龄社会,60岁以上老龄人口占比10%。上海市是中国最早进入老龄化社会的城市,也是我国老龄化程度最高的超大型城市。至2021年底,复旦大学全校共有离退休职工5 302人,其中80岁及以上者1 377人,占比为26.0%。面对这样严峻的人口老龄化形势,老年学的研究越来越受到社会各方的关注,其中关于老年心理学的研究也渐渐受到重视。

随着老龄人口的增加,以器官和系统衰老为特征的心理健康问题越来越多。研究发现,85%的老年人有不同程度的心理问题,25%的老年人有明显的焦虑、忧郁,0.34%有老年精神分裂症。近年来,老年痴呆的发病率也有逐年增高的趋势。而在我国老年心理健康问题并未引起心理医生的重视,老年心理咨询师缺口很大。因此,研究老年心理、关注老年人的心理健康刻不容缓。本文仅就高校离退休干部的老年心理健康的问题,主要是结合复旦大学,更多的是笔者自身的体会,谈些粗浅的想法。

一、 老年心理健康的内涵研究

老年人的心理有其自身特点:①学习记忆力减退,容易忘事;②运动反应相对迟缓;③人格会稍有改变,如变得孤独、多虑、不合群;④会出现一些社会心理问题;⑤随着年龄的增长,老年人患各种慢性病的几率增加,健康状况下降。

关于老年心理健康的主要内涵,不同的角度和层面,不同的专家和学者并无统一的公论和定义。我国心理学专家吴振云教授,归纳出老年心理健康的理论框架核心内容是:性格比较健全,乐观开朗,情绪足够稳定,善于自我调节,更有效地适应社会,有良好的精神面貌,可以应对应急事件,有相应的交往能力,人际关系和谐,认知功能基本正常。

近年来,关于老年心理健康的内涵研究越来越受到重视,对老年心理现状、心理健康评估及特殊老年群体的心理健康现状、影响因素、评估工具等也多有研究。

高等学校离退休干部的心理健康内涵除了上述这些外,还有对所从事专业的留念和追求、继续在学术界的对外交往;对退休生活的适应、老年兴趣的培养等。本文所讨论的离退休干部以复旦大学为例,虽然无特别的定义,但特指学校列入教师和干部行列的人选,不包括后勤工人、服务人员。

二、 高校离退休干部心理健康问题产生的原因简析

高校离退休干部是高校退休职工中一个特殊群体,其心理健康问题产生的原因复杂、多变,简单分析如下。

（1）生理功能的退化引发的心理障碍。

随着年龄的增长,人的生理功能逐渐退化和衰老,表现为健康状况日渐下降,干事感到力不从心,有的老人感到头昏眼花、手脚不灵、关节酸痛,这本来并非什么大病,去医院检查也无器质性病变,但老年人会有一种恐惧和担心,以致情绪低落、焦虑、失眠,引发心理障碍。

（2）躯体小病或慢性病引发心理不健康。

人老了到国家规定的年龄就该退休,这是自然规律。但一个人从紧张的工作岗位上退下来,如没有足够的思想准备和正确认识,他会非常失落,一下子感到"自己没有用了",这种失落感使其觉得无所事事、无所适从,甚至头昏脑涨、心烦意乱,如果有点躯体小病,再遇上不幸或不愉快的事,遭到心灵的创伤,进而引起忧郁、悲伤等心理疾病。

老年人慢性病的发病率高达70%,很多老年人患有高血压、糖尿病、骨关节病、白内障等,这些慢性病只要诊断清楚,按医嘱服药,正规治疗,是可控、可治的。但一些老人往往为此背上包袱,自卑、焦虑。一旦得了癌症,更是谈癌色变。

（3）生活、家庭环境的变化,使得老年人成为心理不健康的高发人群。

现代社会的家庭,尤其是在城市里,四世同堂的大家庭几乎没有,父母与子女同住一起的也不多,子女远走高飞,空巢或独居老人多,孤独难免。中国的父母还习惯于为子女操劳,如果子女不理解,说几句不懂事的话,更会导致闷闷不

乐,久而久之,会变得易怒、忧郁、焦虑、沉闷。

(4) 自我封闭,疏于与外界的交流。

有些老人,退休后几乎完全失去了自我,有的整天围着灶台转,围着孙辈转,几乎失去了与外界的联系和交流;也有的不参加任何活动,没有知心朋友,没有兴趣爱好,没有任何追求。久而久之,思想僵化,行动迟缓,不合群,有什么事也总是闷在心里。

(5) 缺乏家庭的温馨和亲情。

老年人最需要的是家庭的温馨和亲情的温暖。目前部分老人退休后,被子女当"老妈子"使唤;更有啃老族,眼睛老盯着父母的养老金和一辈子省吃俭用的那点积蓄;个别子女干涉丧偶老人的老年婚姻;为分家产,家庭争斗不休,使老人不得安宁;也有子女以各种借口,不探望、不照顾老人。家庭和亲情的缺失比失去钱物还可怕,是导致老人心理疾病的重要原因。

(6) 养老机构难以满足需求,居家养老蒙受各种尴尬,致心理疾患。

人口老龄化的快速发展,社会养老机构跟不上发展的需要,有的退休工资较低的老人,也住不起价格昂贵的养老院。因此,多数老人还是居家养老。虽然各个社区也尽量想法,采用"托老所""结对服务""老人午餐供应"等多种方式来缓解居家养老中的各种矛盾。但居家养老的老人仍有各种心理问题,尤其是生活不能自理的高龄老人、空巢老人,其中最突出的问题是,难觅合适的住家阿姨。现在,全天24小时陪伴照顾老人的阿姨,月薪不断攀升,对退休金较低的老人,又难以支付。

在这里笔者特别提醒社会、家庭和老年人自己要注意的一个问题是,老年痴呆(即阿尔茨海默病)也属心理疾患的范畴。很多老人存在记忆力减退,通常表现为一天到晚寻东西;见到非常面熟的人也叫不出名字;有的表现出讲话的连贯性较差,前言不搭后语。记忆衰退是老年痴呆的早期症状,但这一阶段无论是家属还是患者都不太重视,未及时治疗,以致最后发展成严重的老年痴呆。严重的老年痴呆,不仅造成病人痛苦,对家庭也是一场灾难,甚至会影响社会的安定。迄今为止,现代医学对其病因不太清楚,也还没有非常有效的治疗方法,因此,提高老年人及其家属对老年痴呆早期症状的认知,及早采取干预措施,应成为当务之急。

三、重视高校离退休干部心理健康的保护

老年心理学是一门学问,高校离退休干部心理健康的保护应从社会、家庭、

老年人自身采取综合措施。这里,笔者仅从老年人自身的心理保健谈些粗浅认识。

(1) 保持乐观心态,培养健康心理。

中国工程院院士秦伯益先生说:"老人,活的就是一种心态。""老年生活质量贵在心态。"这种心态我理解是乐观、积极的心态,很多长寿老人总结自己的长寿秘诀就是健心比健体还重要,说明健康心理的重要性。

怎么做呢?很多健康老人的体会如下。

第一,学会说三句话。第一句话即"算了"。过去的事,过去了,不要去多想;钱被偷,被骗了,"算了",吸取教训就是了;骨头断了,"算了",已是既成事实,积极养伤,配合医生做好治疗,争取早日康复。

第二句话即"不要紧"。不管发生什么事(喜事、坏事、乐事、伤心事),一定要学会说"不要紧",老年人要避免太开心、太悲伤,学会乐观处事,什么事都无所谓,无所求,自然也就"不要紧"了。

第三句话即"会过去的"。老年人要力戒忧愁和烦恼,人的一生不会一帆风顺,会遇到各种各样的坎坷,但要相信"一切都会过去的"。

第二,学会三乐,即助人为乐,知足常乐,自得其乐。多一点"阿Q精神"。哲学家伯特兰·罗素说:"保持好的心态比拥有好的环境更重要。"马克思有句名言:"一种美好的心情,要比十副良药更能解除生理上的疲惫和病理上的痛苦。"让我们共同向这样的境界努力吧!

(2) 拓展丰富多彩的生活空间,享受健康的晚年人生乐趣。

退休后,要根据健康状况、各方面的条件,使自己的晚年生活丰富多彩。70岁之前,甚至80岁以前,有条件的仍可参与学校的医、教、研活动,为校园文化和学校的建设尽微薄之力,复旦大学很多退休老教授都是这样做的,老年人有长期的工作经历,退休后正是总结经验,著书立说的好机会,复旦大学很多老教授退休后成为编写专著的大家,为学校留下了财富,为人生留下了印记。现在老年大学到处都有,很多离退休干部根据各自的爱好,选学书法、绘画、摄影、钢琴、古诗词、电脑、中医保健等各类课程,真正做到老有所学。老年人还要善于融入社区,参加社区的各类活动。当然,老年人如果体力、精力还好,也可为子女接送孙辈,减轻子女的负担,也算是为第三代服务,享受天伦之乐。总之,晚年的人生仍可健康充实,五彩缤纷,在老有所为、老有所乐、老有所学方面尽情享受。

(3) 善于摆脱烦恼,保持清心寡欲。

有的老同志说"烦恼往往是我们自己找来的"。这话有一定的道理。例如,子女已成家立业,小家庭过得好好的,你要瞎操心、瞎指挥,结果往往是自找麻烦。老人要坚持一个原则:儿孙自有儿孙福,不必多担心,当他们需要服务和帮助时,可量力而为,一切顺其自然。又譬如,我们退休了,更不要在工资、福利等方面与在职人员比,与他人比。至于名利、地位更是身外之物,只有保持清心寡欲,才能摆脱烦恼,保持心态平衡。

(4) 注意饮食营养均衡,坚持适当的运动。

在这方面洪昭光教授有很多精辟、科学的论述,媒体、网络也有很多的报道,从许多健康老人的经验来看,每个人都有各自的一套健康保健办法,并无统一模式。但以下几点应该是最重要的。

1) 吃东西要杂一些,喜欢的东西吃一点,不爱吃的也要吃一点;多吃杂粮、蔬菜、水果,适当的鱼、虾、肉,注意营养的均衡,特别注意优质蛋白的摄入。

2) 选择适合自己的运动方式,至于是打太极拳,还是做练功十八法,还是跳舞,还是走路,应根据自身条件和爱好去选择,"适合自己的,就是最好的"。但不管选择怎样的运动,一要坚持,不要"三天打鱼,两天晒网";二要达到一定的运动量,自己感到身上出毛毛汗即可,避免运动得大汗淋漓。美国研究人员发现,洗衣、做饭、打扫卫生等家务活动有助降低老年人早老性痴呆症发生率。英国阿尔茨海默病协会研究部门负责人安尼·科比特说:"日常身体活动是降低罹患痴呆症风险的有效方式之一,风险最多可降低45%。"

3) 有规律地生活,起居适当。早晨不睡懒觉,晚上不熬夜;中午一定要午休;坐着看书、写作的时间一般不要连续超过1小时,中间要起身活动活动。这些要成为约束自己的"铁律"。

(5) 重视人际交流,加强与他人的心理沟通

只要有时间和机会就与老同学、老朋友聚一聚,不在乎吃什么,而在于心灵的沟通,情感的交流,聊得开心,玩得轻松。心中有什么疙瘩可以在交流中解开;各人有何喜乐,可以在闲谈中共享;彼此有什么困难,可倾力帮助。这样的交流也可以通过电话、微信和电子邮件进行。在现代通讯非常发达的情况下,通过Email和微信与老同学、老朋友交流,不失是个好方法,可以欣赏风花雪月、世界美景、文娱体育;可以分享老年生活、人生哲理;还可共同关心家事、国事、天下事,甚至生活琐事……总之,可以在笑声中欣赏,在愉悦中交流,让自己的老年生活充实而有意思。

老朋友不可少,忘年交朋友不可无。与青年人交朋友,可使自己童心不泯,增添轻松、愉快和乐观,也可向青年人学习很多知识,使自己与时俱进。我曾经

辅导学习《颜福庆传》的学生和曾经代表组织谈话发展的党员，至今仍有一些青年人与我保持联系。在医学院的帮助下，我还找了一个"老年人生小导师"，一个很优秀的学生，我们经常联系和交流。

四、探索高校离退休干部心理健康建设的途径和方法

高校离退休干部已经成为退休职工中的重要组成部分，复旦大学在加强离退休干部心理健康建设方面主要是通过以下途径和方法。

（1）设立和完善离退休干部工作管理机构。在党委领导下，学校设立了老干部工作处和退休工作处，具体负责离退休干部的服务和管理工作，让我们老同志感到有"娘家"，平时有人关心。这两个部门与学校老教授协会、离退休教师协会紧密结合，定期发放复旦大学退休工作简报、复旦大学校刊，让我们及时了解学校各方面的工作情况和信息。

（2）各学院（系），我们每个人原来离退休的部门和二级单位也有专人负责离退休老同志的工作，他们常常打电话向老同志嘘寒问暖，关心老同志的身心健康，还根据学校的统一要求，给老同志"夏送清凉，冬送温暖"，过年过节给予慰问，让我们分享复旦大学改革发展的成果。

（3）学校每半年召开一次离退休职工代表大会，由党委书记和校长亲自作报告，向大家通报学校各方面的工作，让老同志了解校情，关心学校的改革和发展。

（4）通过关工委和老教授协会，组织部分老同志参加学校的关工委工作和理论学习，参加基层的党建和学生思想教育活动，收到较好效果。关工委、老教授协会、党委宣传部共同组织离退休专家和干部，积极参加校园文化建设，组织编写《复旦大学志》《上海医科大学志》《复旦大学纪事》《上海医科大学纪事》《复旦名师剪影》（文理医分卷）。各二级单位也积极发挥离退休老同志在医教研方面的传、帮、带作用。

（5）每年安排离退休干部健康体检，关注老年健康，及时发现疾病，加以治疗。

复旦大学的这些举措，在上海的其他高校也有类似做法，这在离退休老同志的心理健康建设中发挥了积极的作用。除此之外，笔者还有几点建议。

（1）利用高校的自身优势，开展线上线下相结合的老年教育。如结合老年人心理特点的心理健康讲座；根据老年人的需要，普及电脑应用知识及大数据时

代新知识、新发展等,让老年人跟上时代步伐。

(2) 对那些行动不便,健康状况较差的老同志,特别是子女不在身边的独居老人,要发挥社区和亲友的力量,多方关注他们的心理健康,这是我们要重视研究解决的新课题。

(3) 多种形式召开老年心理健康交流研讨会,可以请老同志谈自己的体会,也可以由老同志提出心理健康方面遇到的问题,还可以交流基层的工作经验,这样的会议,往往能启发大家思考,有利于促进离退休干部的心理健康。

(4) 在市政府的支持下,高校与社区联手,在高校离退休职工居住密集的小区,办"老年心理健康站",可以作为高校学生的校外联络点,让离退休干部有机会接触年轻人。这样的健康站还可以建在小学或幼儿园的附近,小朋友可以听老同志讲故事,也可以给老同志表演节目,让老年人找回童趣,带来愉悦。老年人自己也可以海阔天空地聊天,关心国内外大事,交流老年生活的体会。

关注离退休干部的心理健康是全社会的事,每个家庭尤其是子女也要营造良好的氛围,有利于老年人的心理健康,但说到底还得靠我们老年人自己。我们要保持健康的心态,正确对待自己,正确对待他人,正确对待社会,注重修身养性。高校老教授协会要重视老年心理的研究,使我们每个老人都有健康幸福的晚年,活得有价值,活得有意义,活得有尊严。

(写于 2022 年 12 月)

试论高校离退休教师在文化传承和文化育人中的地位与作用

胡锦涛同志在清华大学百年校庆讲话时指出:"高等教育是优秀文化传承的重要载体和思想文化创新的重要源泉。要积极发挥文化育人作用,加强社会主义核心价值体系建设。"最近,习近平总书记在全国文化传承发展座谈会上强调指出:"中华优秀文化有很多重要元素。"中华文明具有突出的连续性、创新性、统一性、包容性、和平性。这些重要的讲话精神,是指导我国高等教育改革与发展、提高高等教育质量的纲领性文献,也是我们重新认识大学功能的理论指南。

一、必须充分认识大学功能的扩展、文化传承和文化育人的重要意义

自1088年意大利的波罗尼亚大学开创人类高等教育的先河开始,在长达900多年的历史长河中,大学的功能都是单纯的"人才培养"。1810年诞生于德国的洪堡大学,第一次将科学研究和人才培养并列,使大学具有了两大功能。20世纪30年代,美国的威斯康星大学最早将"服务社会"作为大学的新功能提了出来,将判断教授的标准和能力与其服务社会的能力结合起来,使大学从社会的边缘进入社会的中心,大学因而获得了既是社会进步的引领者又是社会发展的助推器的双重角色,"服务社会"成为大学的又一大功能。高等学校"三大功能"的判断成为目前世界范围内对高等学校功能与作用的经典表述。

有学者研究发现,"一个非常有趣的现象是,大学理念的每一次变迁和功能扩展都带来高等教育的迅速发展和极大繁荣,也带来世界科学中心的转移"。1962年,日本学者汤浅光朝研究发现,从16世纪至20世纪,世界科学中心发生了5次大的变迁,即意大利(1540—1610年)、英国(1660—1730年)、法国

(1770—1830 年)、德国(1810—1920 年)、美国(1920 年—至今),转移周期大约为 80 年,科学史界称为"汤浅现象"。

人们惊奇地发现,世界科学中心转移的轨迹与大学功能扩展的轨迹基本一致。当历史的发展进入 21 世纪时,胡总书记的讲话将优秀文化的传承和思想文化的创新提了出来,学术界将"文化的传承和创新"定为大学的第四大功能。这是胡锦涛同志对大学和高等教育规律的新的重要认识,这对我们全面提高高等教育质量,从教育大国走向教育强国,建设一流大学无疑都具有重要的现实指导意义。胡锦涛同志在出席发展中国家科学院第十二次学术会议暨第二十三届院士大会上强调,世界科技正处于新一轮革命的前夜。近年来,习近平总书记也多次强调要把弘扬优秀传统文化同马克思主义立场观点方法结合起来,强调坚定文化自信,坚定不移走中国特色社会主义道路。

人们是否可以期待世界科学中心的转移和中国特色社会主义道路的早日到来?作为中国的高等学校,应该认真思考,如何贯彻落实胡锦涛和习近平同志的重要讲话精神?履行好优秀文化的传承和思想文化创新及文化育人的责任和使命,推动高等教育的改革与发展,切不可等闲视之。

二、我国大学精神与文化面临的挑战

任何一所大学,自从诞生之日起,就在建立自己的大学精神并承担着文化传承与创新的使命,只是人们更多关注的是大学功能,而未充分认识精神与文化对大学的重要性。事实上,文化始终被认为是民族精神的结晶,是民族凝聚力和创造力的源泉,是此民族与彼民族区别的标志和交流的工具,也是一个国家经济社会发展的主要支撑。守护、传承和创新大学文化,以文化育人,是大学必须承担的第四大功能,这一功能实现得如何,不仅决定着大学的水平与质量,也决定着其对国家和民族存在的意义和所作的贡献。党的十八大报告指出:"实现中华民族伟大复兴,必须推动社会主义文化大发展大繁荣,兴起社会主义文化建设新高潮,提高国家文化软实力,发挥文化引领风尚、教育人民、服务社会、推动发展的作用。"在这样的形势下,大学不仅要建设好自身的文化,而且大学文化理应引领社会文化的健康发展,这是大学应该承担的双重文化使命。

然而,由于种种原因,我国当前的大学精神与文化却面临着严峻的挑战。

其一,官本位。即以官为本。唯官是重、唯官是大、唯官是从、唯官是奉。现在不少博士、硕士津津乐道于做官,高校教师抢着当官,成为一大怪现象。而某些投机者一旦当了官,往往随之而来的是权学交易、俯首听命、奉承上级、不求创新,使大学好似官僚机构而非学术机构。

其二,功利、浮躁风气盛行。社会上庸俗的市侩作风和实用主义侵袭高校肌体,功利主义、拜金主义横行,唯利是图、急功近利,学商不分,学风浮躁,使本应庄严的学术殿堂渐呈浮躁和沾上铜臭味的"学店"之象。

其三,学术诚信和科学精神出现危机。大学里频繁曝出学术造假、论文剽窃的丑闻,甚至涉及学校领导、教授、高学位获得者,高校教师无法静下心来,潜心研究学问,年轻的学者、专家过早地离开实验室、实验台,而侥幸地靠造假写论文,甚至获得科研成果,进而获得学位、晋升职称。这种现象屡禁不止,而且手法越发高明,情节愈来愈重,实在令人担忧。

其四,疏于管理,执法不严。师生的价值取向、思维方式和行为习惯不知不觉中受到社会不良风气的影响。学校的规章制度越来越多,但学生考试作弊,老师眼睁眼闭;学生迟到早退,甚至向老师讨分数,老师迁就让步,庸俗的师生关系,腐蚀了师生的灵魂。面对无理取闹的学生或家长,学校往往为了"维稳",妥协让步,执法不严,"求真育人"的大学精神遭受践踏。

其五,目光短浅,追逐业绩与利益。中国的大学受官场文化和世俗文化的影响,甚至市侩文化也侵蚀着学术文化。当高等教育在"教育产业化""应试教育""研究生、本科生扩招""高校合并"等方面有失误时,大学校长难以长远规划学校发展,在"干部业绩"和"群体利益"驱动下,大学较难保持学校的优良传统,大学精神难免受到伤害。

大学向来就是以探索、追求、捍卫、传播真理和知识为办学目的,同时负有引领社会文化与价值取向、规范社会行为之使命。可现实是,大学被社会的负面影响所"俘虏",使原本讲学术,重道德,守诚信,求真理的大学精神走了样,变了味。对我国大学面临的这些问题,有识之士早就大声疾呼了。前中国科学技术大学校长朱清时说:"大学应有崇高学术卓越精神。"复旦大学原校长杨玉良院士说:"大学应该在精神层面上回归大学本身的高尚","当前来说,回归和坚守,比改革更重要"。杨校长还说:"当社会出现失范时,大学应该发出警世之言"。杨福家院士在谈到学术腐败时,他严厉提出:"要将学术腐败的教授送进监狱!"

他们的这些理念实现了,两位总书记的讲话就能实现,中国的大学就有希望。

三、积极探索高校离退休教师在优秀文化传承和文化育人工作中的途径与方法

新的复旦大学有着悠久的历史和深厚的人文与学术底蕴。至 2022 年年底，复旦大学有离退休教职工（不包括 10 所附属医院）5 261 人（其中离休 58 人），其中具有副高职称及以上的专业技术人员 1 993 名，占退休总人数的 37.88%。退休人员中有中共党员 1 717 人，占退休人员的 32.63%。这些老专家、老教授、老党员，在大学文化传承和文化育人中有着他人无法替代的地位和作用：①他们长期工作在教学、科研、管理第一线，了解复旦和上医的历史与传统；②他们长期在高校工作，有的长期在名师的指导下学习和工作，对学校的文化传统、名师的优良教风有着切身的体会；③他们深爱教育事业，深爱自己的学校，有的将自己的一生奉献给了学校，对学校有着难以割舍的情怀；④他们有着丰富的育人阅历，对青年教师和学生有一种亲和力，常能以自己的经历和经验教育和感化青年人。复旦大学历届的党政领导深知，这些老教授是学校的宝贵财富，是学校隐藏着的教育资源，必须重视发挥他们在文化传承和文化育人方面的作用。二十多年来，通过校老教授协会和退休教师协会（两块牌子、一个领导班子），联合校关工委，将复旦大学的离退休教师组织起来，积极探索为学校文化传承和文化育人的工作发挥余热，取得了积极的效果。

（1）组织老教授编写志书和专著。

2005 年，复旦大学百年校庆，作为校庆活动十大工程之一的"四书"（即《复旦大学志》《复旦大学纪事》《上海医科大学志》《上海医科大学纪事》）编写任务，由 4 位退休老教授担任执行主编，全校数百名离退休老教师参与资料的收集、整理和撰稿工作。通过他们的艰苦而有成效的工作，为百年老校留下了宝贵的历史资料，系统总结了百年老校办学经验、传统与精神，供后人传承。现在，这四本巨著保存在校史馆和档案馆，成为复旦文化传承的历史见证。与此同时，学校组织编写了《苏步青传》《谢希德传》《颜福庆传》《陈同生画传》，系统介绍他们坎坷、不凡的人生和办校、治学的理念与经验，成为复旦人拥有的文化与精神财富。

2007 年，上海医科大学 80 年校庆，作为校庆活动的内容之一，学校决定编写《上医情怀》，笔者受命作为主编。正如当时上医校友会会长朱世能教授在序中所写，"这是一部发展史""这是一首友情诗""这是一本教科书""这是一宗永怀志"。这本书成了上医精神、文化的一个缩影。

退休老教授著书立说是他们的长项，复旦大学不少老教授在退休后迎来了他们出专著的"高产期"。复旦大学老教授协会这些年先后组织退休老教师编写了《旦园枫红》(离退休老教师老有所为专题)、《心印复旦园》(展现了复旦人的责任、爱心、奉献精神，是复旦人心中一座丰富的精神宝库)、《为了夕阳红——老年学研究文集》和《为霞尚满天》(汇集了复旦大学离退休老教师在老年学研究方面的成果)。这些专著的编写和出版，在复旦大学文化百花园中增添了夕阳的奇花，为学校文化的传承和文化育人添加了精神食粮。

杨玉良校长曾多次提出，要让青年教师、青年学生了解复旦的历史，了解复旦名师，作为复旦大学文化育人的重要内容。他希望老同志花力气，将复旦名师的育人经验、优良教风和人格魅力写成文字资料，让更多师生了解、学习、传承和发扬光大。根据杨校长的意见，学校老教授协会和关工委联手组织老同志参与收集、整理、编写《复旦名师剪影》。此项工作早已完成，收集了 120 多位复旦名师，真实、生动地记述他们教书育人的感人事迹、学术成就和人格魅力。杨玉良校长对此项工作极为重视，他在看了部分文稿时批示："这些文章读来都很感人，更体现出这项工作的意义重大。希望进一步做好这项工作……我真诚希望这项工作成为一个常态工作，要抢救一些人、事、物，不要让其失传。我相信，若干年后，这项工作的意义将会更加彰显出来。"该书早已出版发行，集教育性、思想性、时代性和可读性于一体，成为传承复旦文化和文化育人的优秀品牌书籍。

(2) 组织离退休老教师、老党员(均为副处以上干部)积极参与文化育人项目，成为学校文化传承与创新的有效载体。

1) 报告团：成员大多是老领导、老教授、老专家。他们应邀为在校生(本科生和研究生)上党课，做专题讲座。已经开出内容丰富的讲座"菜单"。

2) 学生党建辅导员：他们联系学生党支部，指导学生党支部开展党建工作，和学生党员结对子、跟党员和积极分子谈心、参加学生党员学习和讨论等等。

3) 聘请特邀党建组织员：根据教育部有关部门的指示，复旦大学党委 2011—2023 年从退休职工老党员中(基本都是老教授协会成员)先后 12 批共聘请 56 位，306 人次为特邀党建组织员。党委组织部制定了工作实施办法，组织多次专题培训会，定期组织学习会、研讨会。党建组织员受基层党组织的委派，联系学生党支部，指导开展党建工作，代表组织与入党对象谈话，进行理想、信念教育等等。

4) 校史(包括院史、系史)宣讲组：由熟悉复旦大学和原上医校史的老专家组成，他们讲校史、明校训、谈复旦和上医的名人故事，宣传复旦和原上医的优良传统和精神。

5) 复旦大学经典著作阅读指导组：成员都是老教授、老专家，参与复旦学院及现在各书院的"经典读书计划"，与他们的在职教授一起承担指导学生阅读经典著作的任务。

6) 新老教师结对：这是由工会、妇委会牵头、老教授协会参与的项目。内容是新老教师结对，老教师与年轻教师一起备课，交流教学经验，协助他们提高和成长。

（3）组织老教师、老党员参加专题调研，立项进行研究。

配合学校工作的主渠道，近年来学校组织老教师、老党员参加专项课题研究。就社会主义核心价值观、学生入党动机、高等学校关工委长效机制、退休老教授发挥余热的现状调研、老年经济学、老年人积极养老的研究，等等，开展专项研究，均获得较好研究成果，有的成果获得市级奖励，有的成果已形成专著出版。

回顾和总结复旦大学退休老教师在老教授协会的组织和引领下开展的这些特色工作，我们感到事实上是不知不觉地在执行大学的第四功能，开展文化育人。我们的体会如下。

文化育人的基础是道德。道德是教育的生命，没有道德的教育是罪恶。复旦大学的校训是"博学而笃志，切问而近思"，上医的校训是"正谊明道"，都是教育学生如何做人、如何做学问，这是一条主线，贯穿于各项活动中。

文化育人的核心是价值。教育学生面对当今社会纷繁复杂的价值取向，要学会选择主流价值，老教授们还自觉地将社会主义核心价值观的内容渗透到业务培养、党性教育和与学生的交流谈心中。

文化育人的高度是思想。文化是一所大学的厚度，而思想是一所大学的高度。大学学术民主，思想自由，都要有正确思想的引领。老教授经常用复旦大学历史名人事迹和自己的亲身体会，对学生进行爱国、爱民、爱家、爱事业的教育，使他们达到一定的思想高度。

文化育人的纽带是知识。知识是大学的内涵，大学的全部活动都是以知识为纽带而连接的。老教授们心中明白，我们是以自己有限的力量，配合在职领导和教师，力图使复旦大学的学子由知识人变成对社会有用的文化人。

而在工作方法上，我们牢记"坚持""守护"与"创新"。坚持与学生的融合，坚持与学校工作的结合，坚持老教授相互间的切磋与交流；守护大学的精神，守护大学作为道德共同体、学术共同体、知识共同体、思想共同体、文化共同体的地位与尊严，摒弃世俗和庸俗；创新工作思路，创新工作途径，创新工作内容，不断与时俱进。

退休老教师们常有一句口头语:"老牛自知夕阳短,不用扬鞭亦奋蹄。"在复旦大学的校园里,有这样一批可爱的老人,他们为了配合主渠道的工作,为大学文化的传承和文化育人,不断自我扬鞭和奋蹄。

学校领导尊重和爱护这些老人,杨校长多次说:"尊重老教授就是尊重自己的未来。"

四、发挥高校退休老教师的优势和特长,不断改革和创新,形成长效机制

高校老教授协会是团结和凝聚高校退休教授的群众组织,2012年全国老教授协会在上海召开了"大学的文化传承创新与文化育人"专家论坛是一次很重要的会议。会上交流了经验,研讨了问题和挑战,进一步明确今后的改革方向。为了更好地发挥退休老专家在高校文化传承创新和文化育人中的作用,笔者认为:

(1) 高等学校要吸引更多老专家、老教授、老领导参加学校老教授协会的工作。

就复旦大学而言,目前活跃在一线的老同志,都是具有丰富教书育人经验的教师或副处级以上的党政管理干部,绝大多数同志具有高级职称,许多人在岗时是双肩挑干部。但多数退休多年,年事已高。而近年退休、比较年轻的在教学、科研一线工作的教授、副教授,退休后参加这些工作的不知情况如何? 如果有更多的担任本科生教学的优秀教师、指导过研究生的名导师,在退休后能积极参与这些工作,肯定大有作为。

(2) 充分发挥高校老教授协会的组织、协调、参谋作用,探索老教授协会可持续发展的长效机制。

现在有一种说法,认为高等学校专为离休干部服务的老干部处是"短命的",因为离休干部走一个少一个。而老教授协会是"长命的",因为退休老教授源源不断。这不无道理。所以作为高等学校老教授协会这一群众组织,如何在国家老教授协会和省市老教授协会的领导下,更重要的是在学校领导的重视和支持下,走出一条可持续发展的道路,如何加强与老干部处的联系和交流,是值得研究的课题。笔者认为,以下几个问题值得考虑:

其一,必须紧紧依靠在职领导的关心和支持。必须明白,老同志做任何一件事,没有在职领导的支持,都是不行的。我们得承认,退休了,你就是弱势群体,

呼风唤雨的历史已过去。当然,这是双方的事,在职领导要关心、支持退休老教授的工作,爱护老同志的工作热情,不断总结和推广他们的工作经验。

其二,离退休老教授发挥余热是多方面的,应当关注学校的改革、发展和建设,而重点应放在高校文化传承创新和文化育人工作中做点力所能及的事。而在关心和参与的过程中,掌握"五不"原则:不做绊脚石、不当评论员、不给领导添麻烦、不将自己的观点强加给青年人、不当主角甘当配角。更为重要的是,老同志要量力而行,一切都要从自身的体力、精力和能力而定。

其三,老教授协会要有健全的组织,有活动经费来源,有热心于为大家服务的工作班子,有明确的工作方向和目标。同时,要加强与学校关工委的沟通和合作,形成互动机制。

(3)加强自身学习与建设,与时俱进,成为一支充满活力的老教授队伍。

我们这代人,还有比我们更老的上一代、上几代专家、学者,是在特定的历史时期成长起来的,我们的道德标准,我们的良知,已与现实产生了距离,我们该如何生存?我们原来懂的东西,现在可能没有用了,我们不懂的东西越来越多。因此,需要不断学习,使自己与时俱进。但在这过程中,要懂得坚守,懂得创新,懂得扬弃,懂得包容。大学的教授需要对大学的历史的永恒作出选择与承诺,需要有文化的自觉和自信。这样才能是一支不落伍的老教授队伍,才能真正担负起坚持、守护和创新大学文化的重任。

(写于2023年6月)

第二篇

生活随笔

十月感怀

秋高气爽举国忙,
五洲华人欢庆洋。
十月情怀歌盛世,
清心养性读华章。

理论探索新飞跃,
高举旗帜不动摇。
北京宣言新实践,
震惊寰宇励国人。

科学发展国昌盛,
关心民生民心归。
党内民主续前贤,
确保国固磐石坚。

追求真理驱歪邪,
三代传承永向前。
统一祖国志更坚,
和谐大旗世界展。

抚今思夕玉去瑕,
千秋经纬誉迩遐。
历史丰碑永世颂,
人类发展终无涯。

(写于 2007 年 10 月)

基础不牢　地动山摇

2009年6月27日晨,上海闵行一幢13层在建楼房突然横卧倒塌,震惊了国人。上海党、政主要领导,立即作出批示,要求有关部门和专家立即组织联合调查小组,彻底查清事故原因。虽然现在事故原因尚未彻底查清,但在建楼房倒覆,说明建筑有质量问题。如购房者已入住,将会造成更大事故,真是不堪设想!由此引起笔者"杞人忧天",倒覆的虽然是一幢在建大楼,但我国在各方面发生的事故,反映的是我们工作中的隐患,我们应从中吸取哪些教训?值得深思。

作为一名退休老教师,只是想从这些事件中引起警觉,使我们年近花甲、改革开放已过"而立之年"的祖国,更加繁荣昌盛,改革开放的步伐更加稳健,走上全面、协调、可持续发展的道路。

近年来,不断传来令人震惊的消息:违规放焰火将中央电视台新大楼烧得面貌全非,损失惨重;大小煤矿渗水及瓦斯爆炸,屡曝屡出;今年以来媒体报道的土方车事故就有14起;杭州地铁工程塌方;6月29日又传来南方京广线郴州站两列火车相撞;北方黑龙江铁力市呼兰河大桥垮塌,8车落水……人们在惊呆之余,不禁要问:我们还有多少"豆腐渣"工程?我们的基础设施到底怎么了?

与此同时,高等教育也不断传出丑闻:继浙江大学某副教授论文造假被揭后,媒体又曝辽宁大学某副校长文章被指抄袭;广州中医药大学校长的博士论文被举报抄袭;湖北某市、我国最年轻的市长在清华的硕士论文也被指抄袭……高校频曝抄袭事件,教育界、学术界,甚至全社会都在质问:大学学术论文到底怎么了?

今年高考后,除有作弊事件发生外,最近重庆高考状元何川洋民族身份造假事件被媒体披露,由此追踪出重庆市相关人员弄虚作假、以权谋私、玩忽职守,违规为30多名汉族考生更改为少数民族身份,以使他们取得加分,如此"连过五关"的违规,令人发指。人们要问:这还有诚信、公平和公正吗?

围绕这一系列事件,各级领导多有批示,有的甚至是胡锦涛总书记和温总理亲自批示。国家安全局领导、铁道部领导,成了救火队长,往往首先赶到事发现场,相关领导有的受到问责被处分。教育部针对论文抄袭问题多次开会研究,各校校长对此也深恶痛绝。人们要问:各类事件、事故也好,学术和身份造假也好,为何愈演愈烈?笔者从6月24日报刊文摘上《基层不牢,地动山摇》的文章受到启发,从这些事件中我们也能体会到"基础不牢,地动山摇"。我这里所说的基础指的是以下几方面。

(1) 总体教育中忽视了人文科学教育和伦理道德教育。教育是立国之本,新中国成立以来,我国教育,尤其是高等教育,得到很大发展,已进入大众化阶段,并且已成了世界的研究生教育大国。但全民素质并未相应提高,在某些方面反而是倒退了;学历、学位提高了,道德、伦理未能同步提高,而急功近利、唯利是图之风,渗透到很多领域。教育的失衡,才是诸多事件的根源。我们要从教育这个根子上找原因,认真总结经验,吸取教训。

(2) 近年来,我国也制定和出台了不少政策法规,但往往是有法不依,执行不严,甚至被"上有政策,下有对策"的不良风气所践踏,在局部地区被某些人变成"人治",他们以权谋私,官官相护,制造腐败。这是一大毒瘤。我们要在全面从严治党、从严执法上狠下功夫,才可能遏制腐败,重振党风,杜绝重大事故发生。

(3) 工作责任心不强,管理混乱,作风浮躁。凡是出事故,几乎都有疏于管理、违规操作的原因。领导不深入基层,作风浮躁,甚至浮夸和弄虚作假,某些现职干部责任心不强,视人民的生命财产为儿戏,玩忽职守。货车、客车超载超重已致多架桥梁倒塌,成了交通事故的顽症之一,屡禁不止,与执法不严不无关系。

围绕这幢楼的倒覆就事论事找出原因,固然是重要的。但是我们要将这幢楼放在更为宏观的背景下,与其他事件联系起来思考。在过去的四分之一世纪,我国维持着10%左右的GDP增长,城市化进程也是人类历史上空前的,取得的成绩是举世瞩目的。但"摸着石头过河"一路走来,有关法规不够健全,制度不够成熟,管理不够严格,我们为此付出了沉重的代价,这算是我们为取得的成果所付出的学费。现在上海正在建设"两个中心"向国际化大都市迈进,近年来万丈高楼平地起,为迎接世博,整个上海变成了大工地,在建的世博园区、虹桥中心枢纽工程,更是造福子孙后代的巨大工程。这次大楼倒覆事件,逼迫我们要进一步对基础设施进行检查,加强工程的审批和监管,我们要有危机感!如果不以科学发展观为指导,不坚持完善法规和制度,不严格执行规章,粗制滥造的各类工程还会多,将来就会常出事,出大事!

  一切工程都是由人去建设和管理的,任何学术造假和其他的弄虚作假也都是人干的,而人是由教育机构培养出来的,人的素质和能力决定了一切。作为培养高层次人才的大学,我们任重道远!如果我们的人才基础不牢,我们国家的万里江山就会地动山摇。

(写于 2009 年 7 月)

踏遍青山人未老

——读《山河人文旅记》有感

我和中文系苏兴良教授认识时间不长,是退教协的工作使我们相识。幸运的是苏兴良在他的新作《山河人文旅记》刚出版就赠我一本,拜读之际感到是一种享受,今借《芳草地》谈谈自己粗浅的阅读体会。

一、跟随他饱览山河自然之美

近年来,随着人民生活水平的提高和国门的进一步打开,人们出境游、国内游越来越多,老年人也不甘示弱。但是不管是谁,也很难真正"周游列国"。苏教授屐痕处处,足迹遍及大江南北,包括云南、四川、海南、陕西、福建等地,国外畅游了新加坡、马来西亚、泰国、韩国和日本等国。每到一处,他绝非走马观花,而是以一个学者的胸襟和审美情趣,饱览祖国大好河山,品味异域风情。在这本游记里,苏兴良以他独特的"勤记、慎思、颖悟",描山画水,妙笔生辉,演绎华章,再现自然风光和山河美景,使读者如身临其境:奇山怪石、飞瀑碧潭、小桥流水、青松翠柏、亭台楼阁、江上清风、月下泉影……依稀就在眼前。我们足不出门,不花分文,就能跟随作者畅游天地,何乐而不为?

二、接受浓厚的人文情怀的陶冶

这本游记在绘山画水的同时,还注重抒发历史人文情怀,表露了深厚的人文思想的底蕴。世界万物中,人是最宝贵的。人创造历史,创造了文化,创造了世界。正如陆士清教授在序言中所说,"无论在历史或是现实中,人是最美好的。所以一切的美学审视和文艺创作,人始终处于中心的位置,游记写作也不例外。"

苏教授在描绘山水、展现自然风光的同时,很注重叩问人文历史;在登山访城、享受旅行快乐的同时,又体味到家国兴衰、人生百味。书中的很多篇章,都将人放在中心位置,在赞美景物时凸显人的智慧和业绩,深掘了历史的现实意义。例如,《都江堰礼赞》一文在描写都江堰古代水利工程的辉煌时,更歌颂了两千多年前创造这一奇迹的李冰父子兴利除害、造福于民的历史功绩,赞美他们不愧为"中国的脊梁"。在《草堂寻诗圣》中,作者在漫步杜甫草堂这座古园林博物馆时,带领人们去感悟诗人杜甫坎坷的人生经历和博大的胸怀,自己栖身的茅屋为秋风所破,他心中想到的却是"安得广厦千万间,大庇天下寒士俱欢颜"。这本游记许多篇章充满了人文精神,从一定意义上讲,也是对一些名胜古迹文化内涵的发掘和再认识,使读者在欣赏美景、了解人文历史的同时,受到人文精神的熏陶。

三、 在阅读中感受独特的审美情趣

作者对每一处景观的描述,都是精雕细刻,在朴实的叙述和真切的描写中融入其独特的审美情趣和思维联想,给人以启迪与愉悦,这是他的游记的又一个特点。复旦人都知道,在复旦大学校园里有燕园、曦园、思园、望道园等多处小花园,可我们是一般走过看看而已,并无细细品味的雅兴,更很少去了解它的历史进而联想它的未来。苏教授在《品味燕园》中,不仅赏景品趣,听鸟儿啁啾,观学子晨读,而且详细考证了燕园的由来,燕园的文化底蕴。文章最后写道:"只要漫步燕园,细细观瞻,就能品出它的韵味和情趣,体味到'日月光华,旦复旦兮'的永恒精神。"读完全文,使人对"博学而笃志,切问而近思"的校训有了更深的理解;从世纪钟的铭文中读出复旦人的灵秀和智慧,激励莘莘学子奔向新世纪的前程。

苏兴良教授虽已跨进古稀之年,但游兴甚浓,笔耕不辍,在最近退教协理事会工作研讨会上,还一展歌喉,真可谓"踏遍青山人未老"。我相信陆士清教授的那句话:"他那一发不可收的笔下,还会流出更多的精品来。"

我们期待着,一定会的。

(写于 2009 年 7 月)

常宁宫觅趣

今年的三月底四月初,我去西安参加《中国高等教育学科建设论》统稿会,下榻在该市长安区南五公里处的常宁宫。该书主编、国务院学位委员会原办公室副主任、现为中国高等教育学会常务副会长的谢桂华教授,在会议最后一天带领我们几位外省市的与会者,畅游了常宁宫和所在的山庄,寻觅到不少古今历史的逸闻趣事,为此次西安之行平添一份额外的收获。

据说,隋朝末年,唐太宗李世民之母窦氏有一次前往三官庙降香,路遇匪劫,危机中弃车急忙逃入一处苍松掩映下的山洞躲藏。劫匪寻迹而来,眼看就要发现窦氏,突然一块巨石凭空滚落,正好砸中靠近洞口的几名劫匪,其他劫匪见状胆战心惊,无人再敢靠前。在这相持的关键时刻,大将秦叔宝、尉迟公敬德飞马赶到救驾,窦氏一行化险为夷。为感谢"神力相助",同时祈求"佛主保佑"唐王朝,唐太宗李世民谨遵母命,遂在此建了寺庙,命名为常宁宫,寄予"常年安宁"之意,常宁宫的名字自此便载入史册。

等到了民国时期,常宁宫再次引起人们的瞩目。1940年前后,国民党黄埔系将领胡宗南进驻陕西,主持西北军政,兼任黄埔军校七分校主任。七分校距常宁宫不远,胡宗南来巡视校政时便慕名到常宁宫游览,感到此处风光秀丽,地势险要,安全隐蔽,于是在此为蒋介石建造了一所行宫,设有地道、居室、议事厅及警卫室等安全设施。果然,蒋介石于1943—1946年间,三次来陕西时均在此驻足,并与宋美龄一起在这里栽了一棵桂树。而今这棵桂树根深叶茂,成了西安市最大的一棵桂树。

常宁宫与蒋家的结缘,还延续到了第二代。传说蒋介石的二公子蒋纬国,1940年从德国慕尼黑军事学院学成回国,在搭乘的火车上,与西北纺织实业家石凤祥之女石静宜邂逅,四年后结为连理,就是在常宁宫的红楼别墅举办的婚礼,并由蒋介石、宋美龄亲自主婚。这就又为常宁宫的名片写下华彩的一笔。

到了当代,常宁宫留在人们记忆中的便是著名作家柳青在此写作长篇小说《创业史》。1952年,柳青任长安县县委副书记,在此生活了14年,写出了《皇甫村的三年》和《创业史》第一、第二部。据说柳青写《创业史》时,为了写当地农妇骂人的神态,他站在崖上端了一盆水泼到农家的被子上,农妇骂他时,他就拿起簿子蹲在旁边观察、记录,后被农妇认出,他便讲明缘由,并赔了一床新被子。此事足以说明柳青创作态度的严谨和执着。现在常宁宫附近的窑洞里陈列有柳青工作时情景的蜡像,以及有关的资料图片,详细介绍了柳青的生平。

由于常宁宫收藏着许多古今传奇和故事,如今便给开发成一处集会议、餐饮、娱乐为一体的休闲度假山庄。山庄内草木茂盛,四季常绿,花香四溢,古树名木繁多,还有溪水悠悠,藤架蝉唱,居此可见终南山巍峨,山下沃野平畴。每天清晨当你漫步其间,寂静的山庄会传来鸟啼、鸡鸣和西北民歌的合奏,充满无限山野情趣。对于久居喧闹大城市的我来说,仿佛来到世外桃源、天然氧吧,无疑是一种愉悦的享受。如果有朋友去西安旅游的话,可别忘了去常宁宫一游啊!

(写于2010年5月)

欧洲四国行花絮

7月24日至8月5日我参加了欧美同学会组织的法国、瑞士、摩纳哥、德国13天精华游。这是一次很有意义、富有创意、令人难忘的出国旅游,圆了我多年想去欧洲旅游的梦。

我们一行46人从法国巴黎开始了欧洲之旅,结束浪漫之都巴黎的旅游后经里昂抵达尼斯旅游胜地——蓝色海岸、地中海海滩,来到国际影展期间巨星云集的星光城市戛纳,游览了堪称"袖珍国"的、世界第二小的国家摩纳哥公国,然后在日内瓦进入世界最美国家瑞士,沿途欣赏具有浓郁法兰西风情的山村和小镇,游览瑞士美丽如画的琉森,经苏黎世前往德国博登湖畔的明净小城市——康斯坦茨,南德的自然风光尽收眼底,游览德国黑森林地区的文化城市——斯图加特,游览了令人梦想的古老城市海德堡,最后经法兰克福回国。

从这一游程就可想而知,我们是"飞车观花",加之我们是大团,留给自己赏景观物的时间有限,更谈不上仔细看,认真记了,因此以我的水平难以写成全程审视、全景描写的游记。下面只是这次旅游中的点滴花絮。

花絮一:难见警察严格的交通管理

在这四个国家游览近两周,令我们奇怪的是,在马路上没有见到过警察。但我们乘坐的大巴,开过四个国家10多个城市,行程3 000多公里,基本上没有遇到交通阻塞和交通事故,无论是在高速公路上还是在普通马路上,交通秩序井然,没有喇叭声,经常遇到"车让人"的情景。没有看到警察,却有严格的、现代化的交通管理。

有一次,大巴司机待我们游客下车游览回车集中时,还未见到他,有人说他被警察叫去"检查"了，我们怦然紧张了一下。后来他笑嘻嘻地出来了，做了个手势，一切正常。导游告诉我们，这些国家都有规定：司机每天工作不得超过 12 小时；每开 2 小时必须休息 20 分钟，以保证司机不疲劳驾驶。至于对闯红灯、超速驾驶、酒后驾车等更有严格规定，每位驾驶员的车上都有记录，如有违规，就会受到应有惩罚。一旦出现交通事故，警察就会"从天而降"。

严格的规章、公民的自律、现代化的严格监管，保障了秩序井然和交通安全。

花絮二：风景迷人，风调雨顺，生态平衡

无论是在旅游景点，乘在大巴上的沿途所见，还是下榻的宾馆都给我们留下清新、干净、舒适的感觉。在尼斯的蓝色海岸、地中海海滩，那蓝天碧海相连的美景，令游人流连忘返；戛纳和摩纳哥依山傍海，景色宜人，犹如一个五彩缤纷的海滨公园；我们观看了日内瓦湖畔世界最高的喷泉和最大的花钟，壮观无比，游览了联合国欧洲总部、世界贸易组织总部、世界卫生组织总部等，体会到这个不是瑞士首府的重要城市是"属于世界的"；在登上 3 020 公尺的铁力士山时，我们领略了欧洲的山区气候，一会儿阳光明媚，一会儿乌云密布，一会儿蒙蒙细雨，一会儿雪花纷飞，山顶白雪皑皑，冰天雪地，山下温暖如春，树木茂盛；从美丽如画的瑞士琉森前往苏黎世，途中尽享建筑风格各异的山村和小镇，到处可看见绿水群山。在从瑞士前往德国的途中欣赏到德国南部宁静、清新的自然风光。当我们漫步在斯图加特步行街和法兰克福金融街、购物区时，或登上埃菲尔铁塔眺望整个巴黎，登上海德堡的古城堡时，你又会感到现代与古典的完美结合，山区、乡村和城市的和谐。导游告诉我们，这几个国家很少有洪水、干旱，基本上是风调雨顺，生态平衡，这与他们的环保意识、经济发展有一定关系。

花絮三：于无声处见素质

10 多天的旅游，所到之处，很少听到有人大声喧哗，就连我们这些大嗓门的游客也会自觉将交谈的声音压低。在参观凡尔赛宫、保时捷汽车博览会时，尽管游人如织，但每人配戴中文耳机，跟随着耳机的中文解说缓步前进，展厅里鸦雀无声。

我因脚扭伤，有两次独自一人留在车上，目睹给我们开车的司机在游客下车后自觉地将车厢清扫干净，将车身冲洗一新，保证我们有清洁的乘车环境。我还看

到,另一辆满载游客的大巴,在客人下车等待参观时,司机在车门边挂上一个垃圾袋,游客们自觉地将果皮、纸屑等废物放于其内。当导游给大家讲解景点和注意事项时,大家认真听,没有一点声音,表现出对导游的尊重和爱护。据导游介绍,德国是世界经济的火车头,不仅是因为他们的经济和教育很发达,更在于他们国家的人民勇于创新,恪守诚信。一个国家一旦失去创新和诚信是很危险的。

花絮四:山水人文两相依

欧洲是现代文明的发源地,有辉煌的史迹,有文明古国的雕塑艺术,古代建筑的各种教堂,埃菲尔铁塔、卢浮宫、凯旋门、圣母院等地标早就印在人们的脑海里,给人们以艺术与人文的熏陶。而沿途所到之处的田园风光、山村小镇、绿水青山,又让游客尽享山水之美,沉浸在山光水色里,有人不禁神情陶醉,用摄像机记下美景。四个国家景点不同,时秩有异,晨有朝阳,夕有夕景。

特别幸运的是,我们这个团是欧美同学会组织的,在旅友中有曾经留学法国和德国的法国通和德国通,他们流利的法语和德语让我们"近水楼台先得月"。利用这一优势,游程中安排了半天与康斯坦茨大学的友好交流,参观了该校校园。海德堡是令人向往的地方,马克思等名人就是在这个城市留下了令世人仰慕的成就,我们虽然没能去走一下"哲学家之路",但我们参观了建于1386年的海德堡大学,走进了该校神圣的礼堂,体会了学术的神圣和科学的伟大,还参观了"学生监狱"(Studentenkarzer),初步了解该校严格的学生管理制度。

欣赏山川名胜和社会人文,本质上是一种文化活动,旅游景点和资源,一定意义上也是文化资源,因此,我们这次是文化之旅,可谓"山水人文两相依。"对我们这些从事教育的游客来说,既满足了眼福,又充实了头脑,足矣!

花絮五:华人遍布世界

10多天的游程中,我们的中餐和晚餐都是在中餐馆,吃的是地道中餐。这些中餐馆的老板,有的来自北京,有的来自广东,有的来自台湾,也有来自上海的,他们乡音未改,闯荡海外,创业不易。在他们的餐馆里,门口贴着具有浓郁中国风俗的对联和横幅,有的还悬挂着大红灯笼,餐馆的装修多具有中国元素,餐饮具也多具有中国风味,让我们这些在异国他乡的游客有"回家"的感觉。

在法兰克福的刀具店里,店主和服务员都是中国人。

改革开放后,中国的大门敞开了,现在可以说是华人遍布全世界。在铁力士山顶的观景台上,我们看到一块牌子,是介绍中国体操运动员李东华先生在铁力士山上发现的一尊天然大佛的说明。牌子上有李东华先生的照片,他是1996年1月6日在此发现了一尊天然大佛,坐落在白雪皑皑的群山之中,酷似中国的弥勒佛。1996年,李东华成为世界上唯一的身兼中国、瑞士、欧洲、世界及奥运会冠军的体操运动员。但华人不管走到哪里,他们的共同体会是,只有祖国强大了,才有华人的地位。

花絮六:当我脚扭伤后

7月29日晚我们下榻在瑞士日内瓦近郊的Best Western Hotel,这里环境优美。第二天一早我和老伴就起床去室外散步,享受清晨新鲜的空气,不慎左踝扭伤,成了"伤病员",疼痛难忍。因为以前此处有骨折史,我担心骨折,更担心后几天不能随团旅游,给大家带来麻烦,距回国还有6天呢,这可怎么办?

这时,全团伙伴给了我极大的关注,有的给我出点子,有的给我送来伤湿止痛膏,有的还要搀扶我走路,大家见面就问候和关照。游花岛时我没有下车,旅友将他们拍摄的照片一张一张翻给我看,给我"补课",不致留下遗憾。在盛会长和领队苏磊的安排下,由总领队和导游陪同去医院看急诊,虽然没有明显骨折,但确实需要包扎处理,医生还嘱咐我注意事项。

在后面的几天里,我绑着绷带,忍痛跟随大家结束了全程旅游。这次意外,让我感到全团的温暖,增加了去国外医院就诊的经历,这是我的意外收获。它让我体会到,任何事情都有两面性,坏事在一定条件下会变为好事,不管怎样,旅途的快乐是最重要的。

旅游是人们热爱自然、向往自然的表现,也是人们为了开阔视野、了解和认识大千世界、增长见闻和增加知识、结交旅友的活动。欧洲四国行只能是"飞车观花",以上所写,仅是表象和个人感悟,未必正确,更不全面,这么短的时间,很难更深的考察和认识这些国家。

开放的中国,这30多年发生了天翻地覆的变化,今天我们要以更开放的胸怀去拥抱多元和多彩的世界,作为中国人,这次旅游让我更感到,祖国的强大,离不开科技、教育和全民素质的提高,而在这些方面我们要承认与发达国家的差距,但我们有信心!

(写于2011年8月)

新年随想

新千年不知不觉中已溜走了11个年头,作为受益于教育、又将自己一生中最宝贵的时间奉献给教育和医疗事业的我,在这新的一年开始之际,想得最多的仍是教育和医疗。

随想一:我国教育的痛处和难处

前不久,媒体报道幼儿园校车因超载而翻车,致十多名祖国的花朵、幼小的生命夭折。在此之前已有多起这样的事故,虽然事后,有关教育局领导、校长或幼儿园园长遭撤职等处分,但人们质疑:这能换回孩子们的生命吗?能抚平孩子父母心中的伤痛和悲愤吗?在这些地方教育的功利化已危及孩子的生命。

媒体又曾多次报道,某小学给"差生"戴"绿领巾",某中学给"好学生"穿"红校服",山东某中学用红黄绿三色作业本区分学生学习成绩的优劣……这些颜色的"枷锁"加在青少年身上,已经给一些孩子的精神世界蒙上了一层阴影,还美其名曰"激励学生上进"。我们部分的教育工作者无视学生的尊严和学生的个体差异,而用这种粗鲁的做法将在同一片蓝天下成长的孩子分割开来,其实是一种人格歧视,扼杀了学生的自信,从何谈得上教育的公平和公正?

除了这些有色的标识之外,更令人担忧的是在教育战线还有许多看不见的"差别标识":中学分重点与非重点,还分出农民工子弟学校;班级有重点班、非重点班;高中阶段,又过早地分文科班、理科班。这些五花八门的区别,带来的无非是等级差别和惊人的择校费。为了读到好学校、幼儿园,有钱的家长就能让孩子进好学校、幼儿园得到老师的欢心。这又如何谈得上教育的公平、公正和师道尊严?这股风还有愈演愈烈之势,加之各种奥数班、英语班、钢琴班、书画班、围棋班、象棋班、舞蹈班等培训机构的纷纷开办,弄得家长急煞,小孩苦煞,这到底对孩子有利还是有害?是拔苗助长还是遵循了人才成长规律和教育自身的规律?学生减负,叫了多年,但小学生的书包越来越重,干脆用起了拉杆箱书包。

改革应试教育的口号,也不知叫了多少年,高考改革也叫了很多年,但升学率始终是中学校长脖子上的枷锁;高考自主招生,学校之间打起了口水仗,为了抢优秀生源,也顾不得兄弟学校的情谊。自主招生的学校越来越多,打乱了正常的高中教学次序,增加了考生的负担。但优秀生源进入高校后该如何精心培养?我们的大学何时真正成为培养创新人才的基地、学生的精神家园和学术的神圣殿堂?人们翘首以待。

经过 30 多年的发展,我国已成为研究生教育大国。但社会的浮躁之风在师生中蔓延,诚实守信面临挑战,"学位"似乎也没有研究生教育初期那么纯洁和神圣,我国研究生教育无论是理论还是实践都有许多值得研究的课题。

我毫无否定我国教育事业取得的成绩的意思,我只是从这些点滴问题中折射出转型期中国教育的痛处和难处。教育要公平,不能功利,不能只图眼前利益。创新人才培养要从孩子抓起,到研究生教育阶段再去抓创新,晚矣!期待着中华崛起,要将教育作为系统工程去考虑,不要怕触及教育的痛处和难处,要从根本的教育思想和理念上去思考和改革。期盼新的一年里,我国的教育能有长足的进步,办出让人民满意的教育。

随想二:医生,别把病人直接交给机器

去年初,我因发高烧、咳嗽,住进了某三级甲等医院,因疑似甲流,住进感染科病房。但奇怪的是,入院后并无医生给我听诊和询问病史,接着是一系列的检查:抽血做各种化验,做心电图、超声心动图、B 超、肺部摄片……住院一周居然无人给我测血压(我告诉医护人员我有 10 多年高血压史),若不是我自备降压药,还不知会出什么问题。一周后我病情好转出院,拿到了一份两页电脑打印的入院和出院记录,非常详细。让我奇怪的是,这份入院录、出院录居然与我同室病友相似,所有的描述像是教科书的翻版。看完这两份病史,我简直觉得医生"太神了"!在这里没有对病人的实体检查,但有实体检查的记录(如心肺阴性,肝脾未触及,腹软……)病人成了由各类实验室检查报告和现代技术检查数据拼成的"电子病人"。以前医生看病时的"望闻叩听"之类均被"电子器械报告"所替代。住院一周,没有体会到医生的教学查房,每天好像是履行公事一样,问一下

"你今天好吗?",医生往往是在会议室对着电脑上的电子报告讨论病例。

我现在很怕到大医院看病。一是人满为患,排了半天的队,到医生那里仅仅是几分钟。因此,现在基本上都是到社区卫生服务中心就医,这也符合新医改的方向。可最近一年多来,医生每看一个病人,就是问"你要开什么药?"根本不询问病史。有时请测个血压,有的医生都不愿意,而是让你到大厅的机器上自测,稍有咳嗽就让拍X片,更让人不解的是,所有门诊病史都是电脑打印,虽然没有问过病史,也未测血压,未听诊过心肺,但病史上赫然写着"服药后症状改善,血压××,心率××,心肺(-),下肢无浮肿……",还会根据你所要的药,写上诊断如"冠心病""心率失常"等。我曾给医生谈起这些,回答是:这都是被你们病人逼出来的,被上面查出来的。此话意思就是,医生没有责任。

作为医生出身的我,越来越不懂医疗了。面对日渐丢失的医患关系,还有日渐丢失的医患互动,我不禁发出感叹:"医生,请别把病人全部交给机器!病人需要你的热心、耐心、爱心、同情心!"本来,科技的发展应该给医学和病人带来福祉,但高科技是人发明、操作的。高水平、高素质的医学人才,才是最重要的。有了高科技,难道就不需要理学诊断了吗?这就令人思考,现在我们该如何去培养医学人才?医学生不仅需要医学知识和医疗技术,更需要人文精神。

(写于2011年12月)

写在奥运会后

燃烧了16天的伦敦奥运圣火熄灭了,第30届夏季奥运会落下了帷幕。在经历了北京奥运会的辉煌登顶成绩后,中国代表团此次征战伦敦取得了金牌数和总奖牌数位列第二的好成绩,国人无不为之欢呼雀跃,欢迎征战奥运的中国体育健儿们凯旋。

伦敦奥运留下了一个个激情难忘的时刻。菲尔普斯虽未再现"八金王"的奇迹,但此次"四金二银"已助他成就了"奥运奖牌王"的美称;中国游泳小将孙杨、叶诗文代表了"中国水军"强势崛起;中国乒乓球、羽毛球包揽了全部金牌;男子竞走有了历史性的突破……当雄壮的《义勇军进行曲》一次次奏响、鲜艳的五星红旗一次次升起来时,13亿中国人群情振奋,热泪盈眶。

伦敦奥运谱写了速度与力量的华章。乒乓球选手王皓三枚单打银牌背后有着璀璨的人生和拼搏的力量;刘翔受伤后单脚跳完全程,亲吻栏架,同样显示了坚毅与高尚……他们用自己的行动告诉人们"重要的不在胜负,而是参与"这句话的意义所在。

伦敦奥运奏响了精神与意志的壮歌。从战乱纷争的阿富汗、伊拉克、索马里赶来参赛的健儿们,他们的梦想和拼搏使世界震撼;中国体操运动员陈一冰,在表现几乎完美无缺的吊环比赛中却意外失金时,他笑着向大家挥手,伸出大拇指,面带笑容与金牌获得者巴西选手拥抱祝贺。他的大度、他的情怀、他的精神,比获得金牌还宝贵。

伦敦奥运展现了"更快、更高、更强"的奥林匹克精神。无数中外运动员以其优异的成绩和出色的表现,生动地诠释了"更快、更高、更强"的奥林匹克精神,展现了人类敢于超越自我、勇于攀登高峰、不断创造奇迹的进取精神。我们见到一些运动员,为了这一天,拼搏了十载、二十载,所走的路跌宕起伏,但他们从不言放弃，终于摘得桂冠；也有更多的运动员，这次虽然未能获得奖牌，但毫不气馁，瞄准了下一个目标，为了梦想继续坚守和拼搏。

当然，伦敦奥运会也留给国人一些遗憾，奥运会上三大球"滑坡"，田径、游泳两大基础项目虽有进步，但整体偏弱……留给我们更多的思考。

思考一：我们如何从体育大国向体育强国迈进

媒体说得好，"金牌不是体育的全部，奥运会也不是奥林匹克的全部。"应该承认，这些年我国在从体育大国向体育强国迈进的旅程上，虽然成绩斐然，基础良好，奖牌多多，人才辈出。但是，我们与体育强国，甚至后起国相比，我们差距明显，基础不牢，困难众多，挑战严峻。我们在保持优势项目领先地位的同时，更要在全球关注的重点项目中（如三大球、田径、游泳等）奋起直追。我们还要时刻记住，我们是世界上人口最多的国家，又是发展中国家，办任何事都要从这一基本国情出发。大力发展全民健身，努力提升国民体质和普及群众体育运动，始终是体育的宗旨和目的，也是体育的道义和出路。因此，努力构建具有中国特色一流的学校体育、体育文化、体育科技、运动医学、体育传媒等，这是构建体育强国不可或缺的重要基石，有了这个基石，各类体育项目才能均衡发展。

思考二：应如何正确对待运动员

我们的媒体和观众，要给运动员更多的理解和宽容，让运动员过普通人的生活。姚明"金牌不能超越价值观"之论值得我们深思。但我们的媒体，往往是将闪光灯都投向了金牌获得者，我们观众的掌声和欢呼声更多地留给了金牌获得者。大家有没有想过，每一个奥运选手都有不平常的成长经历，有的还是个十五六岁的孩子，他们就是首战出局，或者参加了决赛却无缘奖牌，但"参与"的价值依然存在，何况胜败乃兵家常事。他们是奥运军团的一分子，我们的媒体和观众应该更多地给他们以理解、支持和力量，而不应该是沉默、沮丧，甚至责怪，这才是国人应有的体育风尚。这次奥运会后将有一些名将或老将因年龄或伤病等原因退役，我们祝愿他们好运，继续走好人生之路，党和政府更应对他们的人生之路予以关注和安排，让他们过好今后的生活。

思考三：比速度和金牌更重要的是什么

媒体曾报道，一位记者采访英国剑桥大学，问到剑桥大学怎么会有世界最多的诺贝尔奖获得者？校长微笑说："最近这位得奖者，他的研究领域从来没人看好，我们等了他14年——质量需要耐心和时间。"从2008年北京奥运会我国金牌获第一，到2012年伦敦奥运金牌数世界第二，我一再思考这样的问题，中国人能拿奥运金牌，但至今为何新中国没有实现诺贝尔奖零的突破？剑桥大学校长似乎给了我们部分回答——质量需要耐心和时间！而我们现在的科技工作从管理体制到运行机制，强调的都是急功近利，一个创新的成果怎么可能在短期内获得？将科学家们的很多宝贵时间花在申报标书和汇报总结上，很难静心地去潜心研究和耐心等待，若不从根本上改变这种管理模式和浮躁心理，中国的诺贝尔奖还不知到何时才能有零的突破，我们期盼这一天早日到来！

思考四：奥运会给我们的教育带来怎样的启示

作为在教育战线工作了一辈子的老兵，每次奥运会结束后，我都会情不自禁地想到：教育该怎么办？奥运会给教育带来怎样的启示？

我们不妨回顾一下，我国参赛奥运会的历史：1932年洛杉矶奥运会，刘长春只身一人参赛，一无所获。2000年悉尼奥运，中国金牌位居第三；2004年雅典奥运，金牌总数第二；2008年北京奥运，金牌总数第一；今年伦敦奥运会金牌总数第二，成绩辉煌，正由体育大国向体育强国迈进。成绩的取得，是综合国力使然。但以下几点是值得总结的：①运动员几经挑选，进入国家队后潜心训练，甘于寂寞，刻苦耐劳，"十年磨一剑"；②教练一对一指导，全身心投入，按规格严格要求；③一旦服用禁药，全球禁赛；④优胜劣汰的激励机制。

我国是名副其实的教育大国，但这些年来大家总感到对教育的质量和公平多有质疑。虽然我们不能将体育和教育去作简单的对比，但从攀高峰的精神、管理体制、运行机制来考虑是可以借鉴的，我们可以找到教育的弊端：①从领导到教师，对学生教育普遍存在浮躁作风，急功近利，少有"金牌"意识；②导师（或老师）精力分散，对学生疏于教育和指导；③对学术造假监督不到位，处罚不得力，以致屡禁不止，失去诚信；④部分学生滋长娇骄二气，不刻苦，不认真，独立和自主能力差。所以,我们要回答钱学森之问,不仅要从教育理念、管理体制、运行机制上寻找突破口,也必须借鉴奥运精神,克服上述弊端,如此中国才能从教育大国走向教育强国,才能解答钱学森之问,让钱老含笑于九泉之下。

(写于 2012 年 8 月)

健康随笔

两年前,我们大家所熟悉的华宏鸣教授突然仙逝离开了我们,令很多复旦人为之扼腕。在复旦老教协、退教协具有"拼命三郎"之称的王增藩、王新民、金邦秋教授的身体也先后发生过一些危急状况,所幸因救治及时,转危为安,可金老师至今还在康复中。华教授离开我们两年多了,每当我们想起他退休后笔耕不停,写了一本又一本专著,获得多项成果时,想起"拼命三郎"的一些故事时,我们都敬佩他们的奋拼精神,并默默以他们为学习的榜样。但我们更应在人们自己掌控身心健康的问题上,从他们的突发事件中提炼点可取之经,以示对华教授的深深怀念,并祝愿"拼命三郎"健康长寿!

又一个冬天来临了,冬天是我们老年人要特别注意保健养身的季节。我自觉从四位身上可汲取积极的经验教训,欣然命笔,写下几点感悟。

"七十从心所欲,不逾矩。"这话的意思是70岁以后你可以顺从自己的心愿,想做什么就做什么。但人们往往忽略了后面的"不逾矩"三个字,"不逾矩"顾名思义就是不能违反规矩。我的理解是,老年人,尤其是七八十岁的老人更要重视"不逾矩"。

一、从心所欲首要是遵从规律,顺其自然

衰老是自然规律,随着年龄的增长,额上皱纹多了,记忆力差了,反应慢了,你得承认,不要自叹"老了,没有用了"。顺从自然规律,养成良好的生活习惯,戒烟,限酒,劳逸适度。科学养生,要审慎对待广告和网络传闻,慎选保健品,不要刻意规定吃什么不吃什么,无论是食物、蔬菜还是水果都要讲究新鲜、多样,少吃反季节的蔬果。对待遇等也要顺其自然,不抱怨,不计较,不攀比,公平是相对

的,不公是绝对的,自己工资加多少、别人加多少、什么时候加？别去打听,该是你的不会少,不属于你的要不到。

二、从心所欲要量力而行不逞能

老年人要量力而行,我列出几点:①适当锻炼。老年人可选择散步、打太极拳、做各种保健操等自认为适当的锻炼方法,"适合自己的,就是最好的"。②关爱儿孙尽力不过头,量力而行保自身。③常动脑身体好,还能预防脑衰老,但要有分寸,若因用脑过度压力大,诱发疾病后果怕。2003 年,领导要我负责《上海医科大学志》和《上海医科大学纪事》两本书的编纂任务时,我深感从时间、能力和精力诸方面考虑我均难以胜任,若接受这一任务要耽误大事,还会搞垮身体。我说服了领导并推荐了合适的人选负责编纂《上海医科大学纪事》。我觉得老年人做脑力劳动的事不宜限时限刻,不宜给太大的压力,不能连续作战、开夜车,尤其是有高血压、心脑血管疾病的老年人更要注意。④外出旅游也要量力而行不逞能。选择合适的国家和路线,跟对合适的旅行社,不要过分强调省钱,玩得开心就好。⑤学习新东西也要量力而行。科技发展极快,说实在的我们老人学习新东西只能适可而止。我们有位老同志过度看微信,以致眼睛出了问题。另一位老同志为了将失去的时间补回来,在老年大学选了很多课,天天上学,周一到周五忙得团团转。这种精神虽然可贵,但我还是劝她要悠着点。⑥走路、做事要慢,慎防摔跤。我曾经在"简报"上写过一篇文章,我自己制造了 4 次骨折,今年又骨折了一次,虽然都康复了,也没有留下后遗症,但自己和家人吃了不少苦头。原因就是太急、不小心、不自量力。这是大家要吸取的教训。

三、从心所欲要有良好的心态

心态能映射出一个人的品德与修养,反映身心健康与否,往往决定一个人成败与幸福,通常有积极心态和消极心态之分。中国工程院院士秦伯益有句名言:"老年人活的就是一种心态。"老年人要从心所欲、保持健康的心态,要随遇而安,许多健康老人值得总结的经验是:①正确面对现实。你退休了,离开多年工作的岗位,这就是现实,对原来的工作要念而不惜,避免常恋过去讲失落。社会再进步,总是有不令你满意的地方,这就是现实,你不用多虑。要能正确面对现实,你就会少烦恼,多快乐。②正确面对矛盾。再好的家庭总会有不足,再好的夫妻也会有矛盾。我们老年人,尤其是当妈妈的,喜欢为子女操心、唠叨,这往往是吃力不讨好,有时还会制造点麻烦;③正确面对疾病。老年人易生病,要正心态、严对待,配合医治好得快,赢得健康心愉快。淡定不攀比,关心不唠叨,帮忙不添乱,生病不惊慌,老年人尤其要避免过于兴奋和过于悲伤。有了这些心态,遇到什么事你都能从容面对,从心所欲、积极养老就有了基础和保证。

四、从心所欲要承认老,不服老,工作松弛掌控好

老年人不承认老是不现实的,在岁月面前你无法抗拒。但不能服老,要始终不渝,矢志不移,永不言悔,俗语说"树老怕空,人老怕松",只要精神状态好,乐趣主动找,有作为,多动脑、勤动手、动脚跑。这时,你应该多想到"我能行",想做点事,这是不服老的一面,这样你才会以积极的态度养老。但另一方面,必要时要学会认输,要知道自己是老人,不能逞能,学会放松和放弃,年轻人也不一定能包打天下,何况老年人呢?今年初,档案馆和校史室领导找我,希望我负责编写《抗日烽火中的上医》一书,在抗日战争70周年时完成。我自己认为,脑中没有素材,仅有零星碎片,要从查资料开始,仅半年时间要写出一本书,时间、精力、能力都不允许我去接受这一任务,本着负责任的态度,我选择了放弃。

承认老和不服老、敢于挑战和学会放弃,这是辩证法的两个方面,从心所欲,老年人要有这样的辩证思想。

随笔写下这些,与各位老友共勉,祝愿大家做个"从心所欲,不逾矩"的健康、快乐老人。

(写于 2015 年 11 月)

为上海猴年宁静的春节点赞

今年1月,我们从居委会志愿者手中接下了"长宁区烟花爆竹安全管理告知单",并郑重地签了名。仔细阅读告知单后我突然自问:这"禁燃令"能做得到吗?执法是否会无力?老百姓是不是自觉和拥护?中国"好闹猛"的悠久年味传统破得了吗?总之,我有点将信将疑。

现在元宵节已过,传统的中国春节也就算过去了,值得欣喜的是,我的这些担忧没有成为现实,上海人民用自己的实际行动对"禁燃令"交出了满意的答卷,上海迎来的是史上最宁静的春节,人们称赞叫绝、拍手叫好!大家纷纷为这个宁静的春节点赞。

我们要为政府的决心和决策点赞。今年1月1日施行的新版《上海市烟花爆竹安全管理条例》的推出,表现了市政府整治环境、移风易俗的决心,反映了领导部门相信和依靠群众的决策是来自民心。以往"爆竹声声"虽然是"年味"的一种象征,但回味以往的"年味"的同时,留在记忆里的是燃放烟花爆竹带来的空气污染、噪音扰民和安全隐患。大年初一,环卫工人冒着寒风清扫垃圾的辛苦,受伤者的切肤之痛,也历历在目。政府痛下决心,果断决策,我们要为此点赞。

我们要为公安部门从严执法、各方协同、实现"共治"而点赞。经媒体报道及我们老百姓耳闻目睹,执法力量全员出动,警察一个也不休息,一天也不休息;各种媒体开足马力,反复宣传,使新规深入人心;街道、居委会倾力动员,将新规传递到千家万户;社区志愿者群策群力,昼夜巡防,共筑一张监控之网;市场监管部门从源头上加以监控,发现的隐藏烟花爆竹商家,及时处置,奖惩结合,杜绝隐匿的燃放风险……我们老百姓要深深地说一声:"你们辛苦了,谢谢你们!"

我们更要为全体市民的大力支持、积极参与而点赞。一道体现民意的法规,要真正在社会上有效实施,除了从严执法、广泛宣传、认真监督外,没有广大群众的支持和参与,是绝对不能取得成效的。要改变一个多年的习俗,是很不容易的,人们需要管住的不仅是"手"和"脚",而且要改变"心"和"脑"。面对"禁燃令"这一具有法律效力的规定,全体市民自觉遵守。在小区里我亲眼看到有居民自觉将家里存放的鞭炮送到居委会;在小区锻炼身体的大妈大爷也都在关切此事,议论如何管好自家的小辈;臂戴红袖章的志愿者坚守岗位;走进大街小巷随处可见巨幅标语……真可谓是一场禁放烟花爆竹的人民战争。面对"禁燃令",人们用不同的方式,默默地表达了对法律的尊重、捍卫和守护,表现了一个国际大都市的市民应有的法治意识。法治是社会的基石,规则是法治的先导,而对规则的捍卫来自人民的自觉。我们期待上海在法治建设的过程中,广大人民群众进一步提高素质,做遵纪守法的好公民。

考验并未结束,禁放烟花爆竹是否能形成常态?

猴年宁静的春节,也给人们带来许多反思:禁塑令已实施 7 年,可现在是白色污染越来越严重,塑料袋满天飞,原因何在?酒后驾车、超速超载行驶,都有法规禁止,可是为什么违规者大有人在?学生考试作弊,各级各类学校都有校规,为何屡禁不止?学生减负已叫了多少年,为什么学生的书包反而越来越重?值得反思啊!我们面临的种种困惑,能否从这次的"宁静"中得到启发,这或许是更值得我们期待的。

(写于 2016 年 2 月)

换一种思维方式去看奥运

第31届奥林匹克夏季运动会在巴西的里约热内卢拉开了帷幕并胜利闭幕。开幕式前,人们对本届奥运会有众多议论,体育运动场馆赶得上吗?社会治安令人担心吗?开幕式还能像以前那样精彩难忘吗?奥运会第一次来到拉丁美洲这片土地上,她会给我们带来怎样的惊喜?中国奥运健儿将会创造怎样的佳绩?看了开幕式,我的忧心被打消了。里约奥运会用巴西特有的方式打开奥运的序幕。"一个新世界"是本届奥运会的口号,跟着新世界,我们是不是也应该用一种新的思维方式去看待奥运?

首先,奥运的开幕式不应该是经济和花钱的比拼。2008年的北京奥运、2012年伦敦奥运以及以往的奥运会,可以说是花巨资带给人们精彩和难忘的开幕式。因为资金不充裕,里约奥运的开幕式只能走朴素、节约的路线。没有钱烧,巴西人就燃烧真诚!里约奥运的开幕式整个舞台活力四射,充满热情、真诚和温馨,非常具有巴西特色,并富有创意。用科技新手段惟妙惟肖地展现巴西的发展足迹,36岁的超级名模走秀和魅力四射的桑巴舞,充满了巴西文化风情和魅力。第一次升起绿色五环旗,充分体现了环保理念和行动;第一次有难民运动员代表团入场,充分体现了公平、公正的奥运精神;第一次有了奥运桂冠,将其颁发给对体育、教育、文化作出了贡献的奥运慈善家;第一次推着三轮引导运动员入场,真是很有趣。里约奥运会开幕式的预算,不足伦敦奥运会的十二分之一、北京奥运会的二十分之一,正如里约奥运会开幕式创意导演所说:"花费大笔预算在开幕式上没有意义。我们不会炫技,我们要炫的是概念。"开闭幕式制作总监马可·巴里奇说:"预算的窘迫确实会让很多创意无法实现,但在目前经济形势下,我觉得对巴西乃至整个世界来说,搞一场恢宏的庆典也许并不合时宜,更重要的是用真心和热情,传递爱与理想"。他没有透露开幕式具体花费了多少钱,但他说:"与伦敦和北京相比,这次不是一个特别华丽的演出,但却蕴含着丰富的情感,非常走心,非常优美。"

我为他们的这些理念点赞,欣然写下四句话:里约盛典举世赞,万人涌进地球村。惊艳绿色五环旗,节约环保满是春。

他们的这些理念值得我们借鉴,中国也是发展中国家,我们还有很多贫困的山区和农村边远地区的人们,他们还没有过上温饱型的生活,还有不少儿童因贫困而上不起学。我们办任何事情都还得从大局出发,本着勤俭办事的原则,绝不炫富。

其次,我们对奥运的期盼,不应该仅是金牌。

无论是哪一国的选手,金牌当然要争,中国也不例外。2008年北京奥运会,我国获得金牌总数第一;2012年伦敦奥运会,我们获得金牌总数第二,今年我们当然希望中国健儿再创佳绩。但唯金牌论的时代应该过去了,展现不懈努力、超越自我的体育精神,被越来越多的人接受。展示中国的大国形象,弘扬友好、文明的民族精神,成为越来越多中国人的追求。对我们普通老百姓来说,当体育健儿获得金牌,我们固然会给他们鼓掌、喝彩;当五星红旗冉冉升起的时候,我们的内心依然汹涌澎湃,但我们对奥运意义的理解、对奥运精神的追求已随着时代的发展悄然发生了变化。作为普通老百姓,我觉得要重视以下几点。

(1)改变理念:金牌不再是唯一。中国从1984年洛杉矶奥运会至今,整整32年,我们逐步实现了中国的奥运梦,我们获得的金牌,大大提高了中国人的自尊心和自信心。但随着时代的进步,越来越多的中国人开始明白,奥运金牌不是唯一,金牌远远涵盖不了奥林匹克精神的全部内容,奥运精神才是最重要的。越来越多的运动员和老百姓懂得,为超越自我而付出的艰辛努力,为公平竞争而坚守的体育道德底线,为和平和友谊而推进的交流与合作,这是除金牌以外更为重要的奥运元素,是我们要尽力推进、更为珍惜的奥运精神,并要将其融化到我们的血液里,落实在我们的行动中,并努力用这种精神对待各项工作,建设伟大的祖国,实现中国梦。

(2)我们还应明白,由体育大国变成体育强国,那是更高、更难的目标。体育强国,需要运动健儿在奥运会上争金夺银,还要有像郎平、姚明、刘翔、李娜这样在国际上也有一定的影响力的尖子选手,更要有热爱体育运动的普通大众,使体育运动有扎实的群众基础,要大力开展全民健身运动。体育健儿的培养要从小抓起,大中小学都要重视体育运动,从小物色好的体育苗子,这样我们的体育名将才后继有人。体育强国还要有体育文化和体育产业来支撑,需要提高全民族和人民的整体素质,在这方面我们的任务还很艰巨。

(3) 我国现在在跳水、体操、乒乓球、羽毛球、游泳、举重等项目有明显的优势,但还有很多弱项,三大球与国际差距还较大。体育强国需要"更快、更高、更强"地发展各项体育项目,尤其是竞技体育。这方面依然任重而道远。

(4) 在"更快、更高、更强"的奥林匹克宗旨以外,体育科研人员、教练员、运动员共同组成体育创新智囊团,以智慧与对手博弈,以科技去夺取胜利,而不是"死拼"。要弘扬体育科技人员和体育后勤保障人员的献身精神,使他们的努力和付出与运动员一样得到尊重和爱护。

总之,体育强国是综合指标,我国应该瞄准这一目标,为实现体育强国梦而努力。不管31届奥运会我国拿多少奖牌,我们都要瞄准这一目标前进、前进、再前进!

奥运比赛还未真正开始,我有感而发。不管我们拿多少奖牌,我相信,中国奥运军团是好样的,中国运动员一定会业绩与精神双丰收,胜利凯旋!

(写于2016年8月)

盛世中国

1978—2018 年，
盛世中国的四十年，
对这一路同行的四个字——改革开放，
我们充满深深的敬意和永恒的激情！

四十年斗转星移，
四十年大江东去，
四十年春华秋实，
四十年日新月异。

盛世中国告诉你一个地球的惊喜，
盛世中国告诉你一个东方的巨变，
盛世中国告诉你一个人间的传奇，
盛世中国告诉你一个时代的瑰丽。

改革开放四十年，
我们写下了最豪迈的诗句，
百年一遇的冰雪灾害，
8 级的汶川特大地震，
盛世中国在扛起灾难的同时，
扛起了一个伟大民族复兴的奇迹！

成功举办奥运，
神八对接天宫，
嫦娥 3 号迈步月球，
国产航母顺利下水，
青藏铁路穿越了世界屋脊，
西气东输通向天际的呼吸，
科教兴国落地生根开花，
加入世贸登上世界舞台，
精准扶贫攻坚奔向小康，

正是在我们手中，
结束了长达百年的圆梦之旅，
正是在中国大地，
完成了期盼千年的问天壮举！

四十年波涛之上，
四十年征帆万里，
盛世中国告诉你一个公开的秘密，
盛世中国告诉你一个永恒的真理。

解放思想实事求是，
坚持科学发展观，
面向世界面向未来，
发展才是硬道理，
撸起袖子加油干！

不忘初心，牢记使命，
习近平新时代中国特色社会主义思想，
开创了我国进入历史新时代，
一带一路彰显的大国担当，
引领我们砥砺前行奋发图强！

赞美你啊,辉煌四十年,
　盛世中国喷薄日出。
讴歌你啊,奋进四十年,
　盛世中国和平崛起。

中华民族正行走在民族复兴之路上,
亿万中华儿女正信心满怀扬帆进击。
　我们要大声朗诵盛世中国!
　我们要昂首拥抱新的时代!
　我们要高歌迈向新的胜利!

（写于 2018 年 12 月）

疫情期间我的居家生活

自2020年1月20日媒体报道了武汉发生新冠病毒肺炎疫情以来,转眼间人们与这看不见摸不着的病毒抗争了两年多,尤其是疫情今年在上海蔓延后,我们老年人被要求尽量居家少外出,使得不少老人长时间待在家里,感到孤独和无聊。最近一个月疫情越来越严重,上海被分为封控区、管控区和防范区,我所居住的小区归属于封控小区,必须"足不出户",我就只能老老实实待在家里。本着"不乱于心、不困于情、自寻乐趣、乐观面对"的自律精神,安排好居家生活,有了点滴体会。

一、有规律地生活

不管疫情如何,我仍旧规律地生活:早晨6点多起床,从不睡懒觉。早餐后与老伴一起在家里锻炼身体,8点半至11点为看书、学习、工作的时间,11点准备午餐,中午一定午休,下午学习书法,做些自己喜欢做的事,晚上看新闻和我喜欢的电视剧,11点前必须入睡。这样的生活规律从不打乱,适当学习与工作,适当睡眠和休息,适当劳动与家务,适当锻炼和娱乐,适当与外界交往。我通过这5个"适当"形成自律,从不偷懒,这让我感到每天几乎没有空闲的时间,居家生活过得充实而又有意义。

二、关心国内外大事

《朝闻天下》《海峡两岸》《午间新闻》《新闻坊》《新闻夜线》,这是我每天必看的新闻。此外,我家还有几种报刊杂志:《文汇报》《光明日报》《宣传通讯》《关心下一代周报》《退休生活》《复旦大学校刊》《长宁时报》等(4月份所有报刊都停发了),复旦关工委钱冬生老书记还经常从网络发来重要文章。这些阅读,量很大,费时不少,但让我坐在家里能知天下事,树立起强烈的家国情怀;让我体味到伟大祖国的强大和现在所处的关键时代,我要做个无愧于祖国和时代的中国老人;三位宇航员凯旋,让我看到时代英模的光辉形象,激励我要跟着时代步伐前行;《故事里的中国》《典籍里的中国》这些中央电视台的优秀节目,让我看到中国发展的历史长河中可歌可泣的人物和故事;《时事点评》《焦点访谈》等节目,让我走出迷茫,不至于被各种谣言迷失方向……最近习总书记有一系列的讲话,分析了国内外形势,提出了党和国家建设的目标和任务,我学习后感到字字句句暖人心、强信心、聚民心;习总书记的坚定、沉着、务实、为民的大国领袖的风范,给我们无限的力量和勇气,同时又增强了忧患意识和责任担当;总书记的话使我体会到生命、信念、科学、道德的真谛,每个中国公民都要树立坚毅、坚强的奋斗精神。我虽然现在无条件上抗疫第一线,但我觉得在这特殊时期,我们老年人宅在家里,管理好自己,关心邻里的困难,关心周围的老同志,不给国家、社会和子女添乱,就是对国家的贡献。我坚信,伟大的中华民族一定能取得抗疫的最后胜利!

三、常用脑多思考

我从小有写日记的习惯,虽然现在不是每天都写,但每当看书看报看电视有点感悟,每当某件事引起我思考,每当学生、同事、亲友来电话或微信交流、谈心……我都会在日记本或笔记本上写一段,记下自己的所想所思和要办的事。这一方面将事情记录下来,避免遗忘,尤其是重要的事情;一方面锻炼了脑子,人老了,不经常用脑,懒于思考,长期下去脑子的功能会衰退得更快。今年清明节因为疫情,我们不能去龙华烈士陵园为爸妈扫墓,我采用另一种方式祭奠爸妈,给天堂里的爸爸写了封信,回忆爸爸在我人生成长的路上对我的教育和关爱。

四、不忘经常练书法

我在老年大学学习书法多年,这已成为我现在唯一的业余爱好。疫情期间书法班已停课两年多了,我在家坚持练习写字,这是我自己规定的任务。练书法对老年人的修身养性很有好处,当我写字时没有任何杂念,思想高度集中。我临摹的书法作品往往还有人文或历史故事,有毛主席的诗词,这让我增长了人文与历史知识,感悟到伟大领袖毛主席博大的胸怀。

五、不忘与外界的交流

今年这一特殊时期,不能外出活动,亲戚、朋友、同事、同学、学生之间的联系,只能通过电话、电子邮件、微信等多种方式进行。还有的在外地甚至国外,远在天涯海角,但一个电话,一封邮件或一条微信,让我们仿佛近在身旁,互致问候,互通信息,彼此关心,心贴得更近。我与我曾经辅导的《颜福庆传》读书小组的部分学生还有联系,他们繁忙的工作和取得的成绩,让我感到欣慰。我与我的"晚年人生小导师"、医学院的博士生小王同学一直保持着联系,交流对时事的看法,学习习主席讲话的体会及对人生的思考。我的年龄比小王的爷爷奶奶还大,我们成了忘年交朋友,无话不谈,还谈得很投机,彼此都感到很开心。我们原来计划,除了微信随时联系外,每月能见面一次,每次有交流讨论的主题,小王还想寻找合适的机会让我参加他们班级的活动。但由于疫情,这些计划未能完全实现,但这种形式让我感到我们老年人与年轻学生在一起,让我感到又回到了在上医学习的时代,让我找回了青春,忘记了年龄,从他们身上汲取了前进的力量,同时也有机会向他们传递党的优良传统和上医的红色基因。我感到关心下一代的工作永远在路上,作为有着57年党龄的党员要在这条路上努力做到生命不息,学习奉献不止。

此外,我们研究生院有4位老同志住在养老院,在我们枫林校区机关还有一些老同志也住在养老院,有的是独居老人,我保持与部分老同志的联系与沟通,其中有位老师身边无子女,我经常与她视频或电话,希望通过我微薄的力量,减少他们的孤独和寂寞。真感谢现在网络发达,让我坐在家里就能向他们问候,与他们聊天和交流。

六、适当的运动与家务

由于疫情,我们小区原来老年人的晨练活动停止了,我只能寻找适合居家锻炼的方式:在家里散步,这是最适合老年人的运动。女儿为我们从网上下载了练功十八法、二十四式简化太极拳,每天我们跟着视频做,活动活动头颈、腰背和四肢,使自己感到微微出汗,说明活动量差不多了即可停止。做家务也是一种锻炼。我是个不太会做家务的人,但疫情期间,钟点工都不能上门服务,社区老年食堂早已关闭,我被"逼上了梁山",我必须负责一日三餐的食材采购和烧煮,我将此看成是学习的机会和休息的一种方式,学烧家常菜,还得注意变换花样,保持均衡的营养。当吃着自己做的饭菜,倒也体会到这是一种生活的乐趣。

喧闹的上海变得宁静,马路上车水马龙少了,我喜欢这样的清静!子女虽不能来探望,孙辈带来的欢乐也少了,但我们通过视频来弥补。现在疫情还在继续,胜利还未到来,我们老年人没有了工作的负担,更要好好居家,不给社会添乱。希望这次疫情带来的新风尚和亲朋好友联络交流的新方式能继续,这也许是一种意外收获吧。

(写于 2022 年 4 月)

学习四史　铭记初心　继续前行
——一位退休老党员的回顾

我党坚定而艰辛地走过了101年历程。2020年,在党的生日到来之前,党中央向全党和全国人民发出了学习党史、新中国史、改革开放史、社会主义发展史(即"四史")的号召。2021年年初,党中央在北京召开了党史学习教育动员大会,习近平总书记发表重要讲话强调:"全党同志要做到学史明理、学史增信、学史崇德、学史力行。"这在我党的历史上是具有深远意义的大事。

我们这代人被称为"四零后",生在旧社会,有着苦难的童年;长在红旗下,唱着《东方红》长大;奉献在改革开放和社会主义发展时期,将自己的青壮年献给了祖国的医药卫生和医学教育事业;现在享受着党和国家给我们带来的幸福,过着"老有所学、老有所养、老有所为、老有所乐"的晚年生活。

回顾过往,在中学和大学时期,我们受到传统而系统的党史教育,从小就懂得"没有共产党就没有新中国"。1949年新中国成立后,我才有了上学的机会,中小学学习让我懂得"只有社会主义能够救中国",懂得要当好社会主义建设事业接班人,长大了为祖国和人民服务。1965年7月,大学二年级时我加入了中国共产党,从此我成了党的人,懂得要将一切,包括最宝贵的生命都要献给党的事业。尽管人生路上我也受到过挫折,但在党的教育下,始终没有改变理想和信念。我亲身经历了改革开放时期,目睹祖国在这一时期翻天覆地的变化,也为祖国改革开放后恢复的研究生教育事业奉献了20多年。退休21年了,我在学校关心下一代工作委员会和老教授协会里继续发挥余热,在校园文化传承、关心下一代和为老服务中做了点力所能及的事。

一、笔耕总结不停，享受写书的快乐

2001—2004 年，我出版了《医学研究生教育实践论》《研究生德育论》两本专著，将我亲身经历并参与的上医研究生教育记载下来，并从理论上去思考与论述，前者成为我国研究生教育学界这方面的首部个人专著。2019 年 6 月出版专著《生命中的珍藏》，将我一生中难忘的人和事作为生命之真记录下来，感谢党和人民对我的培养和教育。

作为主编和执行主编，在全校支持与参与下，编写《上医情怀》《上海医科大学志》《复旦名师剪影》(医学卷)，为上医留下宝贵的财富。

我还参加编写了《学位与研究生教育评估的理论与实践》《学位与研究生教育研究新进展》《上海研究生教育新进展——纪念恢复研究生教育 30 周年》，共同主编《探寻研究生教育的岁月——恢复研究生教育 30 年》。

二、教育管理研究，保持老刀不锈

作为课题负责人完成的"上医博士生教育的改革与实践"课题，获 2001 年上海市优秀教学成果一等奖。

2007 年，专著《医学研究生教育实践论》获上海市教育科学研究三等奖。

2009 年，我完成的关工委课题《复旦大学关心下一代工作长效机制的研究》获上海市教卫系统一等奖。

退休后撰写并发表论文 100 多篇，其中 2 篇分别于 2005 年和 2009 年获《学位与研究生教育》优秀论文三等奖和二等奖。

这些论著，是我在我国学位与研究生教育探索和实践的路上留下的足迹，2022 年，我编写了一本新书——《探索者的足迹》，作为我献给建党 100 周年的薄礼，已由复旦大学出版社出版发行。

三、继续为教育尽力

(1) 退休后，我为全国 10 多所高校培训导师和研究生管理干部作讲座。

(2) 参加上海市学位办组织的专家组，参与上海市学位与研究生教育相关的调研、评估等工作。

（3）关心青年人的健康成长，尽责尽力。我曾为上海市研究生辅导员培训班、市高校研究生会干部培训班，为复旦大学、上海外国语大学、上海海事大学等校的研究生做学术讲座。与青年学生面对面交流如何成长和成才。

2006—2019年参加学校关工委的工作：①曾担任党建辅导员多年，联系硕士班党支部，给医学生和枫林机关入党积极分子上党课。②曾参加校史报告团，先后为1000多名枫林校区的本科生、研究生和青年教师讲上医校史，上医的传统与精神。受医学院党委的委托，近几年来代表上级组织与入党积极分子、预备党员谈话，就他们入党的心路历程、支部大会给自己的教育、入党后的打算与期望等与学生进行沟通和交流，受到学生好评，也为自己向学生学习提供了机会。③担任学校经典读书计划指导老师，辅导医学生学习《颜福庆传》。④积极参加关工委的研讨会、学习会、课题研究等。

关工委的工作让我找回了青春。

四、在为老服务中体会人生价值

2009年3月—2020年5月担任复旦大学老教协（退教协）理事，是枫林校区综合二分会会长。11年来，在学校各级领导的支持与关心下，在贯彻协会宗旨、积极开展活动、努力为老服务方面，不断学习与探索。

根据分会会员领导多、年龄大、居住分散等特点，我们将老人的事放在心上。节假日电话问一问，生病住院看一看，驾鹤西去送一送。力求在政治上尊重老人，思想上关心老人，生活上照顾老人，使他们感到，老教协是我们自己的组织、温馨的家园。一是搭建共享平台，拓宽资源渠道。二是探寻活动载体，丰富会员生活。三是组织会员为校园文化、大学精神的传承尽微薄之力。

一所大学，尤其是知名大学，都有自己的特色文化和传统精神，这是校园文化的核心。复旦、上医强强联合后，学校领导非常重视校园文化建设，在复旦百年校庆和上医80年诞辰时，我曾以执行主编和编委的身份，承担和参与了《上海医科大学志》《上海医科大学纪事》编纂任务。在复旦老教协组织编写的几本书中，我们分会的会员也积极参与和撰稿。2012年学校协会承担了编写《复旦名师剪影》的任务，我作为分会会长担任医学卷的执行主编，还有几位会员参与组稿、编稿、审稿、定稿等所有工作，为保证书稿的质量贡献了智慧和力量。

此外，我还参加协会老年理论组，积极参与活动，认真完成课题研究，撰写总结和论文,在全国老教授论坛上交流,在《中国高等教育》上发表,获得上海市老年理论研究奖。我将参加这些工作看成是老年人的精神雨露,将能为学校的文化传承尽微薄之力,视为老年人的精神慰藉。

以上活动普遍增强了大家的世界意识、风险意识、环保意识、诚信意识、服务意识,对国家的未来发展充满信心。原上医大几位校领导虽然党组织关系不在我们支部,但对我们组织的活动都来参加,他们说:"来到这里,看到许多熟悉的面孔,见到老同事、老朋友非常开心。"我们能成功开展并取得很好的效果,关键是有一支骨干队伍,有全体会员的积极参与,我们努力做到几个结合:与党支部工作结合(如"两学一做"、形势报告、参观红色基地等);与中央关于发挥老同志正能量文件精神结合,组织老同志参与校园文化建设、参与关工委工作,组织老同志"展示阳光心态,体验美好生活,畅谈发展变化",发挥正能量;与应对老龄化的现实相结合,针对老年人的特点,组织老年心理讲座、法律知识讲座、退休生活座谈和交流。所有这些,都积极推动了分会的自我管理、自我教育、自我服务,增强了群众组织的凝聚力,使我们的分会成为抱团取暖的集体、会员温馨的家。

五、 老有所学,老有所乐

退休后,我学书法、学电脑、磨炼意志、陶冶情操。我经常国内外旅游,欣赏祖国的大好河山和异国风光。家庭幸福,儿孙绕膝,让我享受天伦之乐。一个人的工作岗位总有一天要离开的,但我知道,作为党员永远是没有退休的,要活到老,学到老,快乐到老,工作到老。

展望未来,新时代我们国家面临着更复杂的国内外形势、更艰巨的建设任务、更繁重的国际担当。记得从小爸爸就告诉我,"给你改名叫承湘,就是希望你传承湖南湘江革命的传统,当好革命事业的接班人,希望你不负所望。"这成为我一生的历史使命。2020 年,我收到党中央颁发的"光荣在党 50 年"纪念章,心情无比激动,这是党中央给我们老党员的加油站。虽然我现在已经步入了"80 后",能为党和国家做的事越来越少,不懂的东西越来越多。作为一名有着 57 年党龄的老党员,必须不忘学习,不忘初心,不忘感恩,不辱使命,生命不息,奋斗不止,感受生命之美,积极改变自己,不断为生命加油,为社会传递正能量,在新时代继续为社会主义建设事业尽微薄之力!

(写于 2022 年 7 月)

第三篇

往昔回忆

教育铭刻弥留心
——记爸爸余立在生命最后的日子里

2001年3月底,爸爸因长期腰痛,我们特与他同去华东医院检查,医生让他住院治疗。4月2日,他住进华东医院,万万没有想到,4月28日他便永远离开了我们。爸爸一生忠诚革命、酷爱教育。在住院不到一个月的时间里,我们每天轮流陪伴在他身边,这也是我们聆听他的教诲最多的一段时光。6年多时间过去了,爸爸的音容笑貌犹存,病重期间他所关心的话题,时常在我们脑海里回荡,他一生酷爱教育,是我们学习的榜样。

爸爸在教育战线奋拼了60多年,将自己的一生献给了教育事业。他离休后的15年中,编著了近20部有关教育,尤其是高等教育的专著。住院期间,他时常想要为党的80周年生日写诗词、作文章、出专著,话题始终离不开"教育"二字。下面是我们记忆中的几个片段。

一、《教育衔接论》要出版

1998年8月,爸爸起草了"关于大、中、小学教育阶段衔接问题的研究"报告稿,经征询专家意见和座谈讨论,他再次认真修改,1999年10月正式向市教育委员会提出申请并获批准,上海市退(离)休高级专家协会也给予支持,不少老同志参加了该课题的研究。按研究计划,拟在2001年上半年结题,下半年编成专著出版。他在住院的20多天里,几乎每天都要说,希望尽快康复回家,以完成这本书的编辑和出版工作。他说:"这是教育界必须研究的重要课题,课题组为此做了很多工作,今年下半年一定要出版。"他还说:"各个教育阶段都有个衔接问题,本科生与研究生阶段也有衔接问题,这是你们研究生教育工作应该研究的问题。"

爸爸的突然离去，使他出版《教育衔接论》的心愿成了遗愿。爸爸病故后，我和妈妈整理他的遗作，发现了他为该书所写的绪论、跋和几篇专论，他还在记事簿中详细地记载了他关于这本专著编写和出版的设想，并将书名暂定为《教育衔接论》。

我们将爸爸关于编写和出版《教育衔接论》的遗愿向市教育委员会和市退（离）休高级专家协会领导反映后，得到他们的重视和支持。市退（离）休高级专家协会在经费非常紧张的情况下，于2003年拨出3000元支持出版。这充分反映了退（离）休高级专家协会对老专家研究工作的关注和支持。

爸爸原构思的《教育衔接论》，在重视现状调查的同时，重点放在理论研究上，正如上海市教科院老院长胡瑞文在协调会上所说："作为一位年逾八旬的老人能在自己的晚年去啃这个硬骨头，其关心教育、热爱教育事业的精神可见一斑。"但是，由于爸爸匆匆离去，理论研究的文章还未全部完成，所以只能作为课题研究的部分总结，故书名更改为《教育衔接若干问题研究》。我们期盼有更多的人去思考教育衔接问题，更期盼有专家最终完成《教育衔接论》的编写，使爸爸遗愿能真正实现。

二、办一流大学不能没有创新精神

爸爸非常关心国家大事，只要精神稍好些，总是要看报纸，看电视新闻。但在最后几天里，身体已虚弱到连看报纸的精神也没有。一天我给他读报纸，是关于清华大学校庆的文章——《大学精神，清华精神》，文章概括了清华大学的三点精神。爸爸听完后感到概括得很好，但他又补充说："这还不全面，要办成一流研究型大学，没有创新精神是不行的。"他又对我说："你今天给我读的这篇文章很好，以后要天天给我读报纸，我关心教育，关心大学的发展。上医是个很好的学校（注：我是上医毕业的，毕业后又留在上医工作，因此，爸爸说这些话），现在与复旦大学合并了，在综合大学里办好一流的医学院，要按照医学教育规律办医学院，这也要创新，你要关心这些。"

"爸爸您太累了，休息一会儿吧，我会关心的。"

爸爸闭目养神了，但我知道，他一直在沉思着……

三、我要向市关工委会议写几点建议

爸爸生前一直关心青少年的成长与教育，离休后担任上海市教育系统关心下一代工作委员会副会长，1999年被教育部授予全国教育系统关心下一代工作先进个人。爸爸住院期间，市教育系统关心下一代工作委员会刘克会长等到病房探望，在交谈中，爸爸仍表示要去参加关工委于4月26日召开的全市教育系统关心下一代工作会议。爸爸心里一直在想，要尽快康复，亲自去参加这次会议，并要在这次会上将自己新近出版的《从心诗词集》赠送给上海市各高校图书馆。他还盘算着"五一"节要回家过，还要为我们在国外工作的弟弟回家探亲做准备。但我们知道，他的病情一天天加重，身体越来越虚弱，很难如愿。4月24日，他自知无法亲自参加会议，也无法亲自书写建议时，他就非常吃力地诉说，由妈妈代笔写成书面意见，呈交市关工委。我现在能回忆起来的几点：一是基础教育阶段一定要坚持德、智、体全面发展，重视对孩子们在音乐、艺术、文学方面的培养，重视体育锻炼和对青少年心灵美的塑造。二是大学要重视人文、社会、科学精神的培养，提高学生综合素质与能力。三是关工委的同志们要从战略高度去认识关心下一代工作的重要性，满腔热忱地去做好这一工作……听着爸爸非常吃力地诉说这番话，我们心里既难受又敬佩，一边静心地听，一边认真地记，这是一位在教育战线奋拼60多年的老者，弥留之时发自肺腑的忠告。写到这里我不禁想起，1999年他带领关工委的同志，到上医大召开座谈会，了解有关关心下一代工作的情况，会后爸爸特地打电话给我说："你们学校关心下一代工作开展得不错，老校长张镜如教授有些教育思想是非常值得赞赏的，你在研究生院工作，一定要注意尊重专家们的意见。"

爸爸就是这样，在对子女的关心教育中，也始终离不开教育，离不开工作。他住院期间，时任江苏姜堰中学副校长的大弟弟来看望他时，便对弟弟说："你要做个好校长，关键是两条，一是把握好学校的办学方向；二是要建设好一支好的教师队伍。"他又对我们说："你们姐弟三人都是党员，要为党为公，要记住，我家的家风是好学上进，淡泊名利。作为教师一定要为人师表。"爸爸的一生，是好学的一生，淡泊名利的一生，这是他留给我们的宝贵财富。我的同事和学生们手捧鲜花到医院探望，他特别高兴和感动，深情地对我说："我们都是普通的教育工作者，他们来看望我是对教育的尊重，体现了我们工作的价值。你现在虽然不担任院长了，但还要多关心别人。"我注意到，爸爸说这些话时，眼睛里含着泪水。一天,爸爸居住地所在的居委会干部来看望他,等我送走他们回到病床旁,爸爸又对我说:"我们共产党员,到哪里都要生根,离退休了,在里弄里也不能忘记自己是党员,要做一些力所能及的事。"

爸爸生前一直积极参加上海市退(离)休高级专家协会的活动,1998年被中国老科技工作者协会评为优秀老科技工作者。可以说,他为教育事业工作到生命的最后一刻,教育始终铭刻于他心中。爸爸作为我们的第一位老师,是永远屹立在我心中的丰碑。

(写于2007年4月)

韩启德院士的学友谊、母校情、祖国心

2014年9月、11月,张永信学友先后将他写的《我与第二故乡》初稿发给我,就这样我有幸成为这本书的第一读者。书中的人物多数是我大学的学友,有的还是同窗好友,而"指点江山医疗队"早就深深地印刻在我的脑海里。作者流利的笔锋,生动的描述,抒发的情感,40多年前的故事,不时引起我的共鸣,让我爱不释手。

去年底,学校外联处老领导邵仁厚老师,交给我一个艰巨的任务——让我出面请韩启德院士为该书作序。基于韩院士的特殊身份,当时我确实感到为难,但他长期以来留给我的印象是上医的校友、平易近人的学友,我壮了壮胆给他发去了电子邮件。信发出后,我天天盼着他的回信,不免有忐忑不安之感,担心他是否能应允。今年1月15日,我收到他的回信,信中说:"每当提起'指点江山'我就心生悸动,就像有一团火在燃烧,共和国应当记住曾经有过这样一批激情燃烧的优秀的青年。当前社会需要有精神高度,中华民族需要脊梁。出版这样的书是很有意义的,我当然愿意为之作序。只是不想滥竽充数,我笔头慢,最近事情又多,容我一段时间可以吗?请向永信学长致意,剑萍虽然走了,但她活在大家的心里。"字里行间充满了对"指点江山"的充分肯定,对出版这样的书重要意义的高度赞许,对学友的深情厚意。

他答应为该书写序,我心中的一块石头落地了,很快给他复信,告诉他:"不限制时间,不影响你的国家大事。"此后,实际上我经常盼望他的信息,全国两会期间,电视里看到他似乎比以前瘦了,可以想像他的忙碌和操劳,我怎么能去催他呢?两会结束,3月24日我借朱世能校长仙逝的时机给他发了电子邮件,告知这一噩耗,顺便告诉他,《我与第二故乡》将在5月份复旦大学110周年校庆时出版。3月25日他给我回信,信中说:"信收到,实在太忙,还没有时间写序,总想读完书后再写,但阅读速度很慢,时间又少,还没有读完。争取吧,记得常来信催我哦。"他还让我代他对朱世能校长表示哀悼!多么严谨求实!他真是传承上医精神的楷模!我又一次被他的信所感动。

4月21日,我正在外参加学校老教授协会理事会,清晨收到我爱人的短信,告诉我,"韩院士给你来信了,发来了他写的序。"我喜出望外,立即到住处的服务台,借用他们的电脑,赶快打开邮箱。信中简单地写道:"承湘学长,传去我写的序,我还是花了功夫的,希望能满意。启德。"这篇高屋建瓴的序在书出版前准时到位了,我知道,他是在赶时间啊!我一口气读完序的全文,写得多么生动、感人!他站在时代的高度、国家的层面,充分肯定了"指点江山医疗队"所反映的时代精神和现实意义,同时还写到他自己亲身经历的故事,对青年人寄予无限的希望,对祖国和人民充满了大爱。表现了他对学友的谊、母校的情、祖国的心。当我回信感谢他时,他又立即回复,询问医疗队队员现在都还好吗?还经常联系吗?他甚至还期盼有机会能见到他们。这不禁让我想起,2012年10月他因公来沪,百忙中抽晚上的时间在住处与我们上海的几个同学小聚,当他看到当年'指点江山'的队员小张时,亲切询问医疗队队员的情况,并深情地说:"如能以'指点江山医疗队'为原型,拍成电视连续剧,对当今的青年人一定很有意义。"我一直记着他的这些话。今天张永信学友提起笔,写下了40多年前的故事,如果有文艺工作者能将其拍成电视连续剧,那该多好啊!

我们这代人是在特殊的历史时代走过特殊的人生经历,有着各自特殊的青春故事。但不管我们走到哪里,在什么岗位上,也不管是青年、中年、壮年还是老年,都不会忘记我们共同的名字是"上医人""中国人"。当代的青年人是在甜水里长大的,他们具有时代赋予他们的优点和特点,如果在他们的精神世界里注入"指点江山"精神和情怀,他们必将胜过老一代,对国家、对社会作出更大的贡献,成为国家的脊梁。相信青年人一定会喜欢这样的书,喜欢韩院士写的序,喜欢这样的上医优秀校友,更喜欢这样接地气、永远置身于普通同学中的国家领导人!

(写于2015年5月)

宿舍的记忆

随着枫林校区改扩建工程的进行,原来我们在上医读书时的学生宿舍,包括上世纪末新建的一些学生宿舍,均已全部推倒,没有了一丝痕迹。当我走进上医西区校园时,我不觉惊呼:"我们的宿舍去哪里了?"明年是上医的90年校庆,90年学校历史的回忆何其厚重,数年在上医读书的学生生涯,看来又是何其短暂,而在这短暂的时光中,正是宿舍提供了我们学习、生活的场所,同室学友成了兄弟姐妹样的亲人,宿舍给了我们"家"的感觉。我默默自问:我能不能勾画出解放以后上医宿舍的轮廓?但我一个人绝对不行。我情急之中,给不同年代的上医校友发了几封信,希望得到他们的帮助,试图请他们写写上医宿舍的回忆。出乎意料,提起学生时代宿舍的往昔,不论是谁,都陷入深深的回忆之中。

我们校友记忆中的上医宿舍是什么样的呢?

一、五十年代

1953年秋入学的谢基立校友,现在是江苏省江阴市人民医院的儿科主任,对母校一直极为关注。他在最近给我的信中写道:"我是1953年秋作为医学系新生进入上医的,记得那时上医本部后门对面,隔开东庙桥路(即现在的东安路),为学生宿舍区,内设第六宿舍和第九宿舍,周围以竹篱笆与尘世隔开。一、二年级时,我们住在第九宿舍,系砖木结构,水泥地,内设木板双人床(上下铺),每室睡十多人。从三年级开始,我们移住第六宿舍。第六宿舍跟第九宿舍之间,为学生一日三餐填饱肚子的"大饭厅"(平房)。第九宿舍每室木板双人床4张,每室睡7人,留1铺位给大家放东西。

第九宿舍南面跟斜土路街道之间,以竹篱笆隔开。第六宿舍临近东庙桥路的宿舍区大门,入口处设门卫室,有身穿黑色制服的保安守门。在校期间,有一笑话至今还记得:比我们高一级、时任校学生会体育部长的陈星荣,有一天夜间外出看戏,到 11 点钟回来,宿舍大门关了,他就爬墙头进入,被校方得知后记大过处分,我们就给他一个绰号"爬墙头的英雄"。

第六宿舍向北,中间隔开若干民居,有两幢并立的女生宿舍(红砖墙,大概是三层楼),大约 1956 年后落成。

老大楼西北角有第四宿舍,那是年轻教职员工住的集体宿舍,现在的"治道楼"就是在此旧址上建造的。

世事沧桑,往事如烟,回忆所及,母校之情,终身难忘。

同样是 20 世纪 50 年代在上医读书的秦伯益院士和毛江森院士,百忙中也欣然命笔,回忆那时的上医宿舍。

秦伯益院士在给我的信中写道:"我 1950 年秋入校,住在工字楼,是北边的一层,房间号记不得了。同房间的有陈公白、黄受方、酆豫增、丁儒林、陈玉平、涂灏、林恩尧和我 8 人,都是单人床,每个人有一张自己带去的书桌,房间显得比较宽敞。

二年级后就搬到东庙桥路六排楼的平房里,我住的是第二排的第二间房间。同房间的有承耀民、冯富伟、葛尾彰、姚铭齐、钱元驹、黄奎铭、陈伯煊、徐智章、陈汝荣,共 10 人。五张双人床,很挤,一侧墙和窗都摆的是床。我和陈汝荣就是睡的窗旁的床,我是下铺,他在上铺。中间每人一张自己带来的书桌,放了凳子,走过来人,都要站起让开才能走过。当时全校仅 400 多名学生,女同学住在一号楼的五楼,从四楼有一小楼梯上去,实际上她们住的是阁楼。"

毛江森院士真逗,称我是"上医万事通",我怎么敢接受呢?我对母校还是了解太少了!提起上医宿舍,毛院士感慨地说:"这是 65 年前的事了。遵嘱回忆了一下,但不全面。1951 年秋,我从浙江省江山县一个毛姓聚居的小山村来到大上海,住进了上海医学院工字楼学生宿舍,工字楼位于上医教学楼东侧,是工字型二层楼房,一层为学生食堂,二层为学生宿舍,我住二层中间楼段东侧的 214 房间。房间较大,内置 5 个双层床位,住 10 个同班同学。10 位学友成绩都十分优秀,至今仍记忆犹新,当时虽然学习科目繁重,学习数理化和英、俄文,晚上大都在图书馆,但是,每个礼拜天都过得十分愉快。有的室友喜欢下象棋,一边唱歌一边'将军',输家要去中山医院对面小店中买花生米一包,大家一边享用一边吹牛。室友星荣学长,善下象棋,讲话直率带点幽默,十分热情组织室友活动。在星期天,曾带我们去浦东捉螃蟹,当时的浦东,人烟稀少,一片荒野,溪沟纵横。

螃蟹横行,玩得却也有趣。1952年,校方通知,今后学生在食堂吃饭不要钱了。大家笑逐颜开。有一次,食堂供应菜肉包子,我们宿舍的二位室友又开干了,二人进行了一场吃包子比赛,胜者一餐吃了十几个包子,得了个吃包子冠军。当时,上医食堂办得很好,经常吃狮子头,蔬菜也多式多样,有一回,还供给每人一只大对虾,非常鲜美,至今未忘。自1951年起,在上医无忧无虑地生活了六年。不知工字楼尚在否?但愿上医精神永存!谢谢上医。"

陈克铨校友班级的同学认真回忆了他们1956年入学时对上医宿舍的记忆。其中一位校友回忆:"当时宿舍没有空位,我和几位同学就走读,放学后回家住。午饭后在东大楼的自修室和阅览室休息。大楼前摆放了许多盆栽菊花,金秋的阳光照在大草坪上,宁静和美。约两三个月后,我们陆续住进了第八宿舍。那是两栋并列的三层楼房,就在东安路西侧校门口。寝室里4张上下铺床,一般住6～8人。房间里还有两张课桌,几只凳子,一个脸盆架,一个书架。盥洗室有两排水龙头,里面一间是厕所,都很宽敞。每次下乡回来,感觉宿舍的墙壁特别亮白。每间寝室只有两把钥匙,我们就把它放在盥洗室的脸盆里。以后去医院学习,有早出,有晚归,为图方便有时就不锁门了。我最后一次看到第八宿舍是2013年4月,以前常年敞开的底楼大门安装了防盗门,是研究生宿舍。到1989年,我女儿入住上医宿舍时,寝室里家具差不多,令我觉得新奇的是:每张床上都挂了蚊帐,里面是各人的小天地,放个小塑料架,上面放些小玩具、小台灯、小风扇……"

以上校友的回忆从不同角度反映了50年代上医学生宿舍的概貌和变迁。

二、六十年代

60年代的知名校友韩启德院士,现在是一位接地气的国家领导人,他真实地描写了60年代的上医学生宿舍。他在给我的信中是这样写的:"我们68届1班男生住在11号宿舍,在原职工食堂的南边,2层楼的房子,东西两排,好像一共有8幢。一个门洞进去左右两大间寝室,一个寝室放7张上下铺木架子床,其中一张用来给大家放箱子行李等物品,一共住12人。楼下两间住我们1班男生,楼上住2班男生。公用一个盥洗室和一个厕所。盥洗室在阴面,冬天阴冷阴冷的,到夏天,南方同学喜爱冲澡,印象中总是湿乎乎的。厕所除小便池外,只有两个蹲位,早饭前后如厕者比较集中,时有冲突,晚到者急得在外跺脚,连呼'快点,快点'。宿舍每周一次大扫除,做好事者平时还时常清扫收拾,所以总是窗明几净的。寝室内放一张窄窄的课桌,上面放 4 个竹壳热水瓶,供大家喝水用,早晚两次大家轮值去水房打水。晚自习多数同学都到教室去用功,因为在宿舍里的话,容易因聊天分散注意力,但我们宿舍好像有 2~3 位好友习惯留在宿舍里,晚饭后那里就是他们的天下了。到晚自习结束铃响,大家纷纷回到寝室,总有一番热闹,所有新闻多数在那时发布,到大家梳洗完毕上床,聊天还总要持续一段时间,常常要有人出来制止,才能停歇,于是很快呼声大起。那时年轻,除少数患有失眠的同学外,都睡得很香,有同学睡在上铺,半夜滚下来,居然还在地上睡到天亮才被大家叫醒,也算奇迹。从一年级入校,到三年级末,我们都住在那里,直到去农村参加'四清'运动。"

我比韩启德院士低一届,是医学系六九届(2)班。记得当时我们班级男同学住在 7 号宿舍,两层楼的木质地板房子,显得很破旧。除第二小组有几个男同学住在一楼东侧的小房间外,其他男生都按小组编寝室,住在二楼。二楼有小洗手间和小厕所,一楼有长排洗漱间和长排的卫生间。当时的校团委办公室也在这栋宿舍楼西侧的底楼。那时每周二下午是学生政治学习时间,我们女同学到自己同一小组的男同学宿舍学习,我们走在地板上不时发出咯吱咯吱的响声。7 号宿舍东侧隔着篱笆就是东安路,班长王国民回忆,夜间常有桂花赤豆汤、火腿粽子叫卖,夜自习后,喝一碗桂花赤豆汤,或者来一个火腿粽子,倒也是吃了顿不错的夜宵。我们班级女同学 1963 年入学时是住在当时的 16 号宿舍一楼,我们小组的女同学住底层最西面的朝北房间,房间面积不大,放四张双人床,住 7 位同学,留一个下床大家放东西。中间有两张长课桌,四只长方凳,一只面盆架。我们入学后适逢学校大搞爱国卫生运动,宿舍卫生抓得很紧,我们床上的被子折叠得像解放军那么整齐,面盆、毛巾、漱口杯(包括放于其中的牙膏、牙刷)放置的位置、方向都必须整齐划一,地板是用板刷刷过的,房间虽然简单,但窗明几净,整齐舒适。一年级升二年级的暑假我们女同学搬到位于当时图书馆(现在的 6 号楼)对面的 1 号宿舍 3 楼,每层楼有一盥洗室,外面是洗漱间,安装两排水龙头,里面是厕所。每天由各寝室同学轮流值班打扫卫生,而每位同学都比较注意公共场所的卫生,因此,给大家创造了较清洁的生活空间。同学间友好相处,彼此关心,每到傍晚,大家会抢着提热水瓶去锅炉房打开水;女同学吃不完的饭票会自动送给不够吃的男同学;我们班级还买了一套理发工具,班长王国民带头让女同学给他理发,结果被理成了"马桶盖"头,大家笑得前俯后仰。

三、七十年代

70年代的上医宿舍没有太大变化,一般是7人住,同一层楼面有一个盥洗室,全校设有公共的男、女生淋浴室,定期开放,买票供学生洗热水澡。记得1978年恢复研究生招生,第一届研究生入学后宿舍条件跟不上,10多个人住一个大房间。这批研究生多数是已结婚成家了,有的已经是当爸爸妈妈的,过惯了家庭生活,对这样的集体生活一下子难以适应。晚上有的失眠,有的打呼噜,影响别人睡觉,冬天很冷,北方来的学生冷得无法入睡,这些也都成了我们管理部门的工作任务,需要疏导。

四、八十年代

80年代的上医宿舍,随着学校教育事业的发展也不断发展,除了本科生宿舍外,还有专门的研究生宿舍楼。70年代时用于吃饭、开会的大饭堂被拆除了,造了两栋6层楼的女生宿舍,那是本科生住的,楼下都有门卫,男士和外人不可随便进出。也不知从什么时候开始,学生宿舍里有了保洁员,宿舍卫生工作都成了这些阿姨的事,学生似乎成了"少爷"和"小姐"。13号楼的基础部对面的宿舍成为研究生的专用宿舍,以后又在西园宾馆的后面造了南北两栋、西侧由男女盥洗室相连的22号宿舍,均为5层,为研究生专用。南面住男生,北面住女生。研究生宿舍一般都是4人一间,每人配有带书架的小书桌,条件比以前有改善。但与以往一样,没有取暖条件,有学生偷偷地用电热毯取暖,这是被学校禁止的,我们行政管理部门要检查,劝说学生注意安全,不能使用。而夏天又热得要命,宿舍里没有风扇,条件好的同学会自己想办法用上小风扇。

五、九十年代

到了90年代,上医和学生宿舍是什么样的? 请看校友的回忆。

90级公卫学院公卫专业毕业校友张鹏写道:"1990年的夏天,我坐着青岛到上海的客轮,经过二十多个小时的海上旅行,到达了上海公平路码头,开始了五年的上医学习生活。

彼时的上海,远不及现在的繁华摩登。虽然曾经辉煌的痕迹仍在,但宛如风韵渐逝的少妇,只剩下依稀的美丽。

上海医科大学,学校的正门在医学院路上,一条堪称小巷的尽头,不起眼的大门和更不起眼的牌子。走进去的一号办公楼,满眼是民国中式建筑的气派,只是门前一个小巧到极致的水池,容不下两对恋人的徜徉。

我住的第一间宿舍,是西院的一号楼(笔者注:就是我前面写到的我们住过的1号宿舍)202室。报到后,拖着行李找到这间宿舍时,是有些失望的。一座三层的老楼,坐落在西院大门的左手边;老式的木地板,走起来吱吱作响,让人不禁担心会不会一脚踏空(第二年时,隔壁宿舍的同学还真踏穿了两层楼板,脸盆大的洞直通一楼!);还有屋里的双层床,居然也是木头的,有些相当的年头!而没有想到的是,到后来,到现在,最怀念上医的,正是这个宿舍,这个老楼,那些老地板……还有那张宽大而结实的老木床!

一号楼的前面,是一排报廊,每天饭后读一下报,舒服而惬意。报廊的尽头,是一间小得不能再小的门房,平时关着,周末放电影前,是卖票的地方。卖票的时候,大多不排队,拥挤成一团,倒是极少有打架的。一号楼和二号楼之间的自行车棚,后来被改做过便民一条街,几间零食店、文具店,还有一个修车铺,在那里,我品尝到了至今仍不能罢手的美味:榨菜片!

回想一下,上医和上海给予我的,不仅仅是留恋和记忆,还有许许多多沁入身心的东西,此所谓母校烙印吧……

我想,我会记得我的校园,那座楼,那些树,那张床,还有那些时光。"

六、20世纪初

下面是我收到的最年轻校友的来信,她是2014年上医毕业的硕士生焦娜,现在在青岛市妇女儿童医学中心工作。信中说:"我是2011年进入复旦大学上海医学院的,虽然那时上海医科大学这个名字已经取消了,但是我们仍然习惯称自己是上医的学生。我是住在17号楼403寝室,寝室一共4个人,四张床,全是上铺,下面是课桌和衣柜,宿舍里有独立的卫生间,这让我很开心,大家不用纠结谁住下铺上铺了,也不用走出去上厕所和洗澡了,都有相对独立的空间。屋里还有一个物品架,用来放脸盆、肥皂等洗漱用品。宿舍没有阳台,我们是在屋外的晾衣绳上晾衣服,偶尔也会到楼下的大空地上晒被子。

我是硕士生,从青岛医学院考入上医的,其他三位室友本科就是在复旦读的,所以刚去的时候,心里还稍微有点自卑。不过室友们都待人很真诚,我也很快融入了我们寝室这个小家庭,这几个家伙不久就给我起了个外号,叫'lala',还说叫着亲切,我也不记得是基于什么契机才有的这个昵称,大概是学南方人L和N发音分不清吧,谁知道呢,反正现在好多同学都这么叫我,起初还不习惯,后来叫着叫着我也觉得挺顺耳的了。刚从青岛到上医读书的那个夏天和冬天是相当难熬的,夏天闷热,冬天湿冷,不过好在研二那一年(即2013年)夏天,我们宿舍安上了空调,从此就更幸福了!现在想想,真是怀念那些在宿舍里一起度过的美好时光。愿上医越来越好!"

读完这些来信我激动不已,从上医走出去的院士,还记得60多年前的室友和住的房间号!身为国家领导人的校友也欣然命笔,写下他对宿舍难忘的记忆!每位校友都是那么深情,尤其是50年代的校友都是耄耋老人了,还是那么认真!他们的回忆使我的思绪穿越60多年时空,浮想联翩!

宿舍很小,不过是几个人的小天地,但宿舍又很大,三分之一的学生生活就在这里度过。

宿舍很平凡,它是我们每天生活起居的场所,但宿舍生活又很精彩,学习与生活、思想与情感、素质与修养在此养成和交融。

宿舍很温暖,在此曾留下老师关心学生的脚印,留下同学间互帮互学、共同拼搏的身影。

宿舍是封闭的空间,但也是交流信息、切磋学问、研讨国内外大事的平台,是开放的大讲堂,尤其是在现在的网络时代。

宿舍生活,作为学校生活、校园文化的重要组成部分,有着各种色彩,这些色彩是由我们每个人调制而成;那五彩缤纷的颜色涂抹在时光的记忆墙上,是我们大学生活中最珍贵的记忆,也是校园文化的一个侧面,永远刻在我们的心底里,留在每个人的脑海中!

我们回首往事,看到的不仅是孜孜以求、挥斥方遒的青春年华,还有那样一抹温暖心房的思想,激励我们前进的力量,这就是母校留在我们身上的烙印,她时刻提醒我们要珍惜,永远去传承母校的精神与文化。

我想要跨越时间,去寻找那记忆中的空间,去寻找历史留给我们的经验和教训,去寻找时代留给宿舍的痕迹,可最后我恰恰被这跨越的时间所感动,被校友们的真情所感动!

(写于2017年初)

难忘的两年医疗队生活

1974年6月—1976年5月,我服从需要参加原上海第一医学院赴江西宜春地区医疗队。当时儿子仅1岁4个月,刚断奶送托儿所。除了家中有些实际困难外,我最大的思想负担是担心去医疗队的话我不能胜任妇产科医生的工作。自1970年12月至妇产科医院工作,我除了在产房和休养室轮转过以外,基本上都是在婴儿室工作,从未去妇科、门诊和其他科室轮转,连常规的妇科检查都没有做过,这样的妇产科医生真是名不副实。为此我带了妇产科学教科书、买了《妇产科手术学》和《妇产科手术图谱》,踏上了征程。到了医疗队我是唯一的妇产科医生,我还担任副队长,后来又成了队长,我真是忧心忡忡。医疗队到了江西,我被分配到慈化公社卫生院,该卫生院位于江西与湖南交界的山区农村,缺医少药的情况相当严重。医疗队到达后,当地农村妇女听说医疗队来了一位妇产科医生,纷纷慕名而来,这可真是将我"逼上梁山"。有一次我和指导员张元芳医生一起去万载县协助工作,当天晚上医院来了一位宫外孕的病人,必须立即手术,否则就有生命危险。"救人要紧!"我邀请张指导员与我一起上台,手术前我先翻看了《妇产科手术图谱》,就这样胆战心惊地上了手术台。这台手术实际上都是张医生做的,我向他学到了很多,这也让我体会到,外科与妇产科是相通的。手术顺利,病人虽然出了不少血,但只输了200毫升血,术后用了两天抗生素,但农村妇女抵抗力强,很快就康复了。

目睹农村缺医少药的现状,在1975年5月一年医疗队时间期满之时,为了给农村留下"永不撤走的医疗队",我们倡议再留一年,当时队里的青年同志充满活力,张元芳、戎卫海、陈张根和我也都是40岁左右的中青年医生,我们与青年同志一起倡导要求再留一年,《文汇报》对此作了专题报道。

留下的这一年我经历了更多的锻炼和考验。大概是1975年冬日有一段时间,我与小季和小丁二位队员住在离公社卫生院较远的生产大队,一天晚上8点多钟,一位农民急匆匆赶到我们所住的大队部,诉说自己的妻子产下了孩子,但胎盘迟迟排不出来,出血不止。我一听不再多问,赶快背上药箱与小季、小丁一起飞奔出去,天黑路不平,山路不好走,老乡在前面带路,小季走在我前面,小丁跟在我后面,两位年轻人如金童玉女,为我保驾护航。当我们如急行军一样赶到产妇家时,那一幕让我惊呆了:产妇因胎盘滞留,出血过多,已处于休克状态,地面全是血,当地的接生婆还在按照农村的迷信做法,烧香祈祷。坐在一旁约4岁的儿子给我们说:"妈妈睡着了。"此时不由分说,必须立即行人工胎盘剥离手术,可我在上海从未做过。"救人要紧!"好像又是一声无声的命令,容不得我太多考虑,我只好紧急消毒,戴上消毒手套,为其做人工胎盘剥离术,胎盘完整地剥离了,产妇出血停止了,两条生命得救了!

住在生产大队,离贫下中农更近了,我们经常背着药箱,翻山越岭,走村串户,为贫下中农送医送药,指导员张元芳曾因陋就简在生产大队为抢救一位肠梗阻的青年做了外科手术,这要冒多大风险!

回到公社卫生院我时刻都在接受考验,说不定哪一天就会来一位病人"将我一军",我犹如天天都在接受考试。有一天来了位孕妇,主诉怀孕5个月了,但只见腹部越来越大,一直没有胎动。我给检查时听不到胎心,也摸不到胎体,后经超声波检查证实是葡萄胎。我翻阅书本,与同事讨论,必须做刮宫手术。这又是我从未见过的病例,更没有做过这样的手术。经仔细阅读书本,查看手术图谱,我只好壮着胆,为患者做刮宫手术。我小心翼翼,担心掌握不好,将子宫捅破。我与卫生院的一位老同志一起,刮出了类似葡萄样的组织物。这是我生平第一次,也是唯一一次见到葡萄胎。当结束手术时,我感到手和心脏都在发抖。这例手术后隔了几天,郑怀美教授从宜春地区医院来慈化卫生院指导我们的工作,我真像见到大救星一样,将在基层见到的病例向她汇报和请教。针对这一病例,她给我说:"像这样的葡萄胎现在城市里很少见到,总体上你的处理原则是对的,但为安全、彻底,可以分次刮宫,应该要送病理检查,以明确诊断和进一步处理,手术后要根据贫血情况,适当输血,用几天抗生素以预防感染,根据病理报告决定是否要用和用什么药物,并要定期随访。"郑教授的经验之谈,让我胜读三年书。可是在当时农村的医疗条件下难以完全做到。郑教授还关照我,以后工作中有困难,给她打电话,可那时在农村,要拨通一次电话多难啊!

为了给农村留下'永不撤走的医疗队',我们在当地公社领导的支持下,举办了两期赤脚医生培训班,我们自编教材,自立教学计划,自制教具,教他们基本的体检方法、基础的医疗知识和诊治疾病的原则。

计划生育是我国的一项基本国策,但20世纪70年代广大农村推动这项工作阻力还是比较大的。根据当时地区和公社的安排,我们医疗队要参加计划生育的宣传和手术队工作。我和一位麻醉师、几位护理同志组成了计划生育手术队,在宜春地区的各公社巡回做计划生育手术,我又被指定为队长。这是一项政治任务,我感到"压力山大",要做宣传发动工作,手术还不能出任何差错。在大家的共同努力下,我们较好地完成了这项政治任务。

两年,对我们每位队员都是锻炼和考验。当时除了我们几个医生是40岁左右外,其他都是20岁出头的年轻人,他们来自上医的附属医院,在大医院工作的年轻人,到了农村一切都是从头学起,甚至连吃饭都得学习。卫生院食堂烧出来的江西菜都很辣,每次吃饭大家都是"泪流满面"(被辣椒辣得流泪),我们一方面请厨师"手下留情",少放点辣椒,另一方面也得慢慢适应这样的生活。确实如此,经过一段时间,我们大家都成为"不辣不革命"的倡导者,个个都能吃辣。我们根据工作的需要让这些青年人分别担负起麻醉、实验室化验检查、护士等工作,成为医疗队的生力军。他们基本上都是第一次离开家庭,经常想家,尤其想妈妈,因此队里的年轻人有人带头叫我"刁妈妈",开了这个头以后,所有的年轻队员没有人称呼我刁医生,而都是叫我"刁妈妈",我听着感到特别亲切!那时,我先生孔宪章在浦东航海仪器厂工作,他带着儿子住在厂里,又当爹又当妈,后来干脆将儿子送进了全托幼儿园。一次孩子发高烧,无法找到老孔,老师将孩子先送去住院,再设法找到老孔;又有一次儿子在幼儿园里被小朋友从楼梯上推倒,以致在两眉毛间破了个三角洞,缝了3针。为不影响我工作,这些事老孔都是事后才告诉我,待我知道了,往往会几天也睡不好觉……这一切都让我们夫妇的情感和毅力经受了考验,我们的心永远贴得很近。可是他人不理解,我被航海仪器厂的某些职工称为"不要家的女人"。两年后我回到家里,儿子也糊涂了,有一次居然问我:"江西妈妈你怎么不回去啊?"这让我哭笑不得!两年后,我们还是告别了慈化!1976年5月30日,当群众汇聚到公社卫生院,敲锣打鼓送我们回上海时,我们每个队员的眼中都噙着泪水,一一与他们握手告别,依依不舍地离开了生活和工作了两年的慈化公社卫生院。

有位智者说:医生有两个维度,一是技术,一是人民。两年的医疗队生活让我体悟到这真是至理名言。这两年,我是"从战争中学习战争""在游泳中学习游泳",在实践中增长了才干,让我懂得,在医生生涯中,要在技术上精益求精,否则救死扶伤就是一句空话。同时,要培养自己的人文情怀和为人民服务的思想。

我置身于农村,对农村缺医少药的情况有了切身的体会,农村人民的淳朴、善良和坚强,在我心中更是留下了不灭的印象。

两年医疗队生活距今 40 多年,但我仍记忆犹新,永远留在我人生记忆的长河中!

(写于 2020 年 4 月)

写给天堂里爸爸的一封信

爸爸：

您离开我们已近 21 年了，但您的音容笑貌常常浮现在脑海里，最近在学习党史时特别想念您，天堂里的您一切可好？

不知不觉中我已是耄耋老人，但中国有句古话，不管多大年纪，在爸妈面前永远都是孩子。

爸爸，您是我的人生导师，在我的人生中，您影响我终身的有几件事：

（1）将我的学名由乳名"若兰"改为"承湘"。您告诉我："若兰"是爸爸在你出生时希望我们的女儿如兰花那样洁白清香，现在你要读书了，爸爸将你的学名改为"承湘"，是希望你继承湖南湘江的革命传统，长大了做革命事业的接班人。

（2）1963 年 3 月 5 日，毛主席发出"向雷锋同志学习"的号召时，我在江苏省姜堰中学读高中，您模仿毛主席的字体，书写了"向雷锋同志学习"题字寄给我，信中嘱咐我："这是毛主席向全国青少年发出的号召，你要用自己的实际行动向雷锋同志学习，学习上要有雷锋同志的钉子精神，不怕困难，生活上艰苦朴素，要处处关心别人，严格要求自己。"

（3）1964 年 1 月 19 日，您为我们制定"革命干部子女的守则"。整个守则共 12 条，是将毛主席关于革命事业接班人的五条标准，结合当时青年人的实际情况，提出具体要求。将热爱祖国、热爱社会主义、热爱中国共产党、热爱毛主席贯穿始终；要求我们要积极投身社会实践，在实践中锻炼和提高；不为名，不为利，献身人类的解放事业；要横眉冷对千夫指，俯首甘为孺子牛；教育我们要防止干部子女"自来红"的优越感和特殊化，永远生活在群众中。现在，写这份守则的纸已经泛黄，但我一直珍藏着。

（4）1964年11月15日，我换用新的日记簿，您在我日记簿的扉页上的题字："按照毛主席教导的革命事业接班人的五条标准，严格要求自己，并付之于行动。"这是要求我将毛主席提出的革命事业接班人五条标准时刻印在脑子里，落实在行动上。这成为我的行为准则，"做革命事业接班人"是您那时教育我坚持的方向，成为我人生努力的终极目标。

（5）1965年7月12日，我加入了中国共产党，这天晚上，爸爸您与我聊了好长时间，我在日记里记下了您提出的三点要求：共产党员是革命者，要经常想到革命、集体和他人；将参加农村社会主义教育运动（当时我即将去青浦参加社会主义教育运动）看成是入党后的第一次锻炼和考验，要虚心向贫下中农学习，与贫下中农融为一体；入党后要接受党和人民的终身监督和考验，要更严格地要求自己，坚决听党的话，永远做党的人。

您离开我们时，没有给我留下任何财产和一分钱，给我留下的遗物是您关于教育的专著和一位书法家写的您的一首诗制成的匾。您离开我们前，正值上医与复旦合并，我也面临着"待退休"，病床前您语重心长地给我说："工作岗位是要按国家规定退休的，但共产党员永远不会，也不应该退休，无论何时、何地、任何情况，你都不要忘记自己是共产党员。我家的家风是'好学上进，不为名利'。你要带头做好。"爸爸，您的这些话经常敲打着我，这些年更让我感到，我的名字、您的题字、"干部子女的12条守则"和您长期给我的教育，以及您的言传身教，这是您留给我最大的，也是无价的财富。让我懂得，作为一个党员，就要像您和无数革命先辈那样，一生不图名，不逐利，不辞辛劳地为党和人民工作一辈子。

遵循您的教导，我退休后，根据学校和组织安排，我在学校老教授协会、关工委做些力所能及的事，作为主编和执行主编完成《上医情怀》《上海医科大学志》《复旦名师剪影》（医学卷）几本书的编写，为母校上医留下了宝贵的财富。给医学生授课，讲上医传统和精神、颜福庆的医学教育思想、上医历史上优秀共产党员的事迹等，传递上医的红色基因。此外，将自己亲身经历的上医研究生教育，总结写成了《医学研究生教育实践论》《研究生德育论》《探索者的足迹》几本专著。还为自己的一生写了一本书《生命中的珍藏》，作为对祖国成立70周年的献礼，感谢党、祖国和人民长期以来对我的教育和培养！去年"七一"我和宪章都领取了党中央颁发的"光荣在党50年"纪念章。

爸爸，您会为我的努力和退而不休高兴吗？

2020年，我步入"80后"，这是人生的老年阶段，我将生活的重点转向以健康保健为中心，做自己感兴趣的事，我和宪章身体好，也就减轻了党、国家和孩子们的负担,但我时刻记住自己是个党员,注重自我学习,关心国内外大事,关心周围的同志,只要组织需要,我都努力去做,我的名字、"革命事业接班人"的使命,激励着我不断前行。

爸爸,您放心吧。"我是党员,是革命事业接班人!"我永远记住您的话!

(写于 2022 年元宵节)

第四篇

书法作品选

领导人语录

风雨送春归飞雪迎春到已是悬崖百丈冰犹有花枝俏俏也不争春只把春来报待到山花烂漫时她在丛中笑

录毛主席卜算子咏梅 壬寅春 永湖书

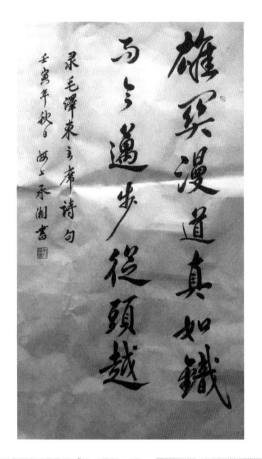

诸葛一生唯谨慎
吕端大事不糊涂

录毛泽东主席语

辛丑秋日海上承湘书

广大青年要做社会
主义核心价值观的
坚定信仰者
积极传播者
模范践行者
向英雄学习
向前辈学习
向榜样学习

录习主席语 海上承湘书

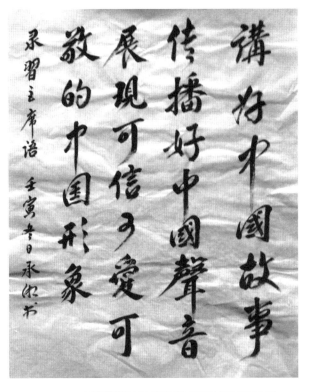

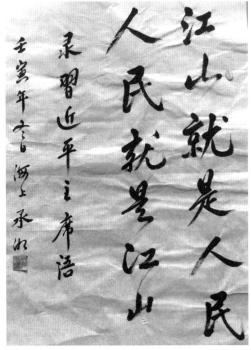

古代诗词

為天地立心,為生民立命,為往聖繼絕學,為萬世開太平

錄北宋大儒張載橫渠四句

壬寅年秋日 河上 承湘 書

清明時節雨紛紛,路上行人欲斷魂。借問酒家何處有,牧童遙指杏花村。

錄杜牧詩清明

癸卯清明節 河上 承湘 書

节日祝福

正月十五花灯亮
幸福笑容挂脸上
花好月圆人安康
新年孕育新希望
祝愿你我都健康
乐龄开怀奔远方

壬寅年元宵节 河上永湘书

童年不再来
童真心永怀
童趣最可爱
童心永葆在
各位老兄童
健康向前迈

壬寅年兒童節 河上永湘书

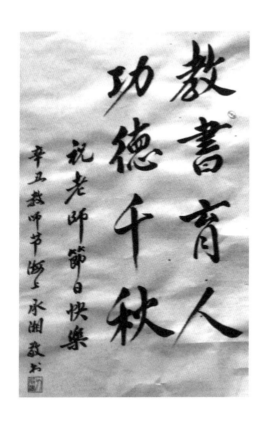

教书育人
功德千秋
祝老师节日快乐
辛丑教师节 河上承湘敬书

正月十五花灯亮
幸福笑容挂脸上
花好月圆人安康
新年孕育新希望
祝愿你我都健康
乐龄开怀奔远方
壬寅年元宵节 河上承湘书

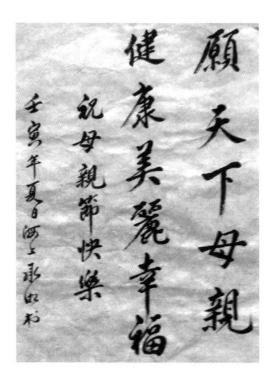

怀念长辈

沉痛悼念宁寿葆教授
医坛一生为儿童
寿登九旬献忠心
宁老师一路走好 学生刁承湘泣挽

缅怀颜福庆老校长
传承上医精神
当好上医传人
上医医学系六九级刁承湘书

沉痛悼念张安中教授

辛劳一生奉献医学教育
为人师表乐育学界英才

敬爱的张老师音容犹在精神长存

学生刁永湘泣挽于上医

沉痛悼念史玉泉教授

医坛一生为神经外科学奠基
寿逾百岁耿耿忠心救治病患

学生原上医大所先生院刁永湘敬挽

亲情友情同学情

平安路上顺~畅~
健康路上吉祥如意
情谊路上地久天长
快乐路上共有共享
相约美好彼此安康
酷热夏日多加保重
平安无恙直至永远
癸卯年夏日
海上 永湘 书于家中

缘分让我们相遇
岁月让我们变老
无论今后多少年
我都想说一声
感恩遇见
感谢有您

癸卯年夏日 承湘书

缘分金不换
友谊永不变
但愿人长久
彼此常思念
早晨送祝福
健康永相随

癸卯年夏日 何上承湘书

讓開心陪我們歡笑
讓快樂把我們擁抱
讓健康陪我們到老
讓生活越來越美好

壬寅年春日 海上 承湘書

贈師友
守好心底的善良
感恩老師的教誨
莫忘他人的真情
珍惜今生的相遇
感謝一路的同行

癸卯年春日 海上 承湘書

人生感悟

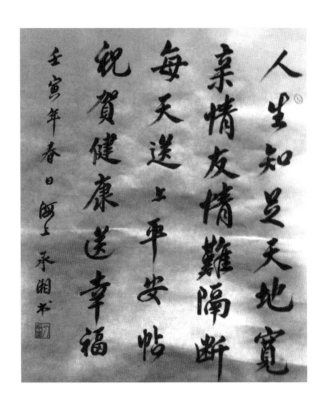

昨日顽童
今日翁
岁月如梭
快如风
人生自古
谁无老
顺其自然
度余生

癸卯年五一节 承初书

七十古稀今不稀
八十才进中老期
九十出头可称老
活足百岁才稀奇

庚子秋日 海上承初书

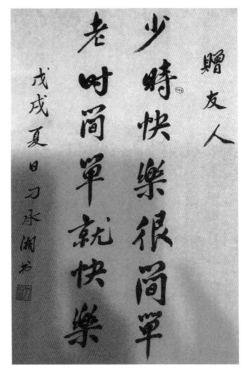
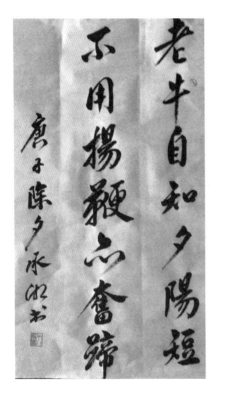
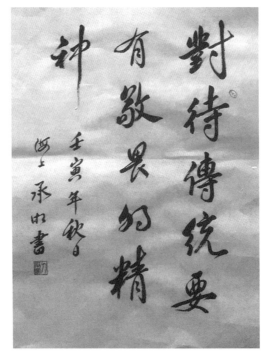

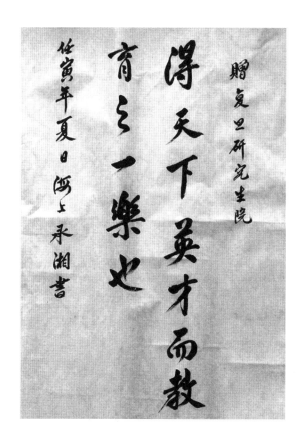

后 记

《为霞尚满天》即将与大家见面了！

在完成了本书的编写后，有二点说明：

(1) 所收入的论文，由于撰稿的时间背景不同，所选内容不一，因此篇幅长短有较大差别；现在分为几部分，是根据内容来分的，但不是绝对的，各部分论文数不一致，想必读者能理解和谅解。

(2) 我是书法爱好者，是老年大学书法班的一名学员，收入书中的30多幅书法习作，是我在老年大学学习的拙作，我勇敢地将其收入书中，是为了"抛砖引玉"，以能得到广大读者，尤其是书法家和书法爱好者的批评和指教，使我在今后的书法学习中有所进步，不断提高。

本书的出版得到多方支持，我在前言中已部分致谢！中科院院士、中山医院心研所所长葛均波教授在百忙中为本书写了序言，序言中的溢美之词让我感到受之有愧，这是对我莫大的鞭策和鼓励！

责任编辑刘冉老师为书稿的编审付出了辛勤的劳动，专此致以衷心的感谢！

对此书出版中所有的关心和支持者致以崇高的感谢和感恩！

书中错误难免，敬请读者批评指教！

刁承湘

2024年4月20日

图书在版编目(CIP)数据

为霞尚满天/刁承湘著. —上海：复旦大学出版社, 2024.6
ISBN 978-7-309-17470-0

Ⅰ.①为… Ⅱ.①刁… Ⅲ.①社会科学-文集 Ⅳ.①C53

中国国家版本馆 CIP 数据核字(2024)第 101465 号

为霞尚满天
刁承湘　著
责任编辑/刘　冉

复旦大学出版社有限公司出版发行
上海市国权路 579 号　邮编：200433
网址：fupnet@fudanpress.com　http://www.fudanpress.com
门市零售：86-21-65102580　团体订购：86-21-65104505
出版部电话：86-21-65642845
上海丽佳制版印刷有限公司

开本 787 毫米×1092 毫米　1/16　印张 10　字数 174 千字
2024 年 6 月第 1 版
2024 年 6 月第 1 版第 1 次印刷

ISBN 978-7-309-17470-0/C・450
定价：68.00 元

如有印装质量问题，请向复旦大学出版社有限公司出版部调换。
版权所有　侵权必究